EINFÜHRUNG IN DIE HAUPTFRAGEN DER PHILOSOPHIE

RUDOLF EUCKEN

INHALT

Vorwort	1
Zur Orientierung	2
1. Einheit und Vielheit	19
2. Ewigkeit und Zeit	57
3. Außenwelt und Innenwelt	100
4. Das menschliche Erkennen	149
5. Das menschliche Handeln	184
6. Schlußwort	221

VORWORT

Unsere Einführung in die Philosophie verfolgt einen eigenen Weg: Wir wollen nicht die Breite der einzelnen Probleme entwickeln, sondern die weltgeschichtliche Bewegung des Ganzen überblicken und sie den Freunden der Philosophie näherbringen; wir möchten meinen, daß eine Versetzung in diese Bewegung den großen Verwicklungen und Gegensätzen unserer Zeit entgegenwirken kann. Je mehr Fragen jetzt das Leben an die Menschheit stellt, desto notwendiger ist eine Philosophie des Lebens, welche die Verworrenheit und die Zerrissenheit des gegenwärtigen Standes nach bestem Vermögen bekämpft; eine Einleitung in eine solche Philosophie möchten wir dem Leser bieten.

Rudolf Eucken

ZUR ORIENTIERUNG

Die Aufgabe der Philosophie

Daß die Philosophie nicht nur voller Probleme, daß sie auch als Ganzes ein Problem ist und ein Problem bleibt, das zeigt schon die verschiedene Schätzung und die umstrittene Stellung, die ihr das menschliche Leben gibt. Einerseits heißt sie die Königin der Wissenschaften, und ein ihr geweihtes Leben dünkt die Höhe des menschlichen Daseins, Geister allerersten Ranges bemühten sich, ihr zu dienen, und in den Gesamtstand der Menschheit griff sie oft mit mächtiger Wirkung ein. Dabei zeigte dies Wirken mannigfachste Verzweigung. Bald entrang die Philosophie, wie bei Plato, dem trüben Gemenge des Alltags hohe Ideale und hielt sie dem Streben als feste Richtsterne vor, bald suchte sie, nach Aristoteles' Art, allen Reichtum der Wirklichkeit in ein Ganzes zu fassen und das Leben gleichmäßig zu durchgliedern, bald auch war sie ein sicherer Halt und schließlich ein Trost gegen alle Sorgen und Nöte, so im späteren Altertum, dann wieder wirkte sie, wie in der Neuzeit, zur Befreiung der Geister und als eine Leuchte aufsteigender Kultur, zugleich vollzog sie eine gründliche Prüfung des überkommenen Lebensstandes und suchte sie die Menschheit über die Grenzen ihres Vermögens gewissenhaft aufzuklären. Alles Große bedurfte ihrer Hilfe und Mitarbeit; wo immer sie fehlte, da verlor das Leben an Ursprünglichkeit, an Freiheit, an Tiefe. In diesem Gedankengange erscheint die Philosophie als ein unentbehrliches Hauptstück des geistigen Besitzes der Menschheit.

Aber zugleich zeigt jeder Überblick der Erfahrung, daß ihr zu allen Zeiten zahlreiche Gegner erwuchsen, die sie für überflüssig erklärten, ja als schädlich verwarfen. So der Spezialforscher, der mit seiner Verteilung der Welt in einzelne Gebiete sein Werk abschließt, so der Praktiker, dem ihr Mühen und Grübeln eine Hemmung frischen und freudigen Handelns dünkt, so auch manche Anhänger der Religion, die von ihr eine Erschütterung des Glaubens und ein Übermaß menschlichen Selbstvertrauens befürchten. Gefährlicher aber als alle Bekämpfung von außenher ist die Unsicherheit der Philosophie bei sich selbst, das Auseinandergehen ihrer Arbeit, ihre Spaltung in verschiedene Sekten, deren jede, um sich selbst zu behaupten, alle übrigen glaubt vernichten zu müssen. Dieser Streit droht ohne Abschluß und ohne Ergebnis zu bleiben, er scheint im Laufe der Jahrhunderte eher zu wachsen als abzunehmen. Denn ob die Sophisten mit ihrem Subjektivismus oder Sokrates mit seiner Begriffslehre im Rechte waren, ob das höchste Gut auf dem Wege der Stoa oder auf dem Epikurs zu suchen sei, das steht noch immer in Frage. Wohl verließen die handelnden Personen selbst den Schauplatz, aber ihre Ideale blieben und setzten den Kampf mit unverminderter Leidenschaft fort, wie die Geister auf den katalaunischen Feldern. Von hier aus bleibt unverständlich, wie die Philosophie einen tiefen Einfluß auf das Denken und Leben zu gewinnen vermochte; liegt ein solcher Einfluß als eine unbestreitbare Tatsache vor, so stehen wir vor einem Rätsel, und es treibt mit Notwendigkeit dazu, uns über die Aufgabe wie die Stellung der Philosophie zu orientieren.

Jenen Widerspruch hat man wohl durch eine Fassung der Philosophie zu heben versucht, die sie allen annehmbar machen sollte; die Frage ist nur, ob sie dabei eine Selbständigkeit und einen Wert bewahren kann. Früher sowie heute wird oft der Philosophie kein anderes Ziel gesteckt als das, die Arbeit der einzelnen Wissenschaften zusammenzufügen, ihre Leistungen in ein Gesamtbild zu fassen; je weiter die Forschung sich verzweige, so heißt es, desto nötiger sei eine besondere Disziplin, welche für den Zusammenhang der Zweige sorge; indem die Philosophie als eine solche sowohl die Voraussetzungen, als die Methoden, als die Hauptergebnisse der Einzelwissenschaften überschaue und vergleiche, gewinne sie eine wichtige und unverwerfliche Aufgabe. Eine Aufgabe ist hier unverkennbar, aber jeder Versuch einer genaueren Fassung erzeugt Verwicklungen und treibt die Geister auseinander. Wie ist jene überschauende und verbindende Tätigkeit zu denken? Bleibt sie ganz an den übermittelten Stand des Wissens gebunden, hat sie keinerlei Recht, von sich aus zu prüfen und weiterzubilden, so ist sie freilich aller Gefahr entronnen, aber mit der Gefahr hat sie auch alle eigentümliche Bedeutung eingebüßt. Denn bei solcher Beschränkung ist sie nicht mehr als ein Registrieren der Ergebnisse der Fachwissenschaften, eine bloße Enzyklopädie, die ein liberaler Sprachgebrauch Wissenschaft nennen mag, die aber damit noch nicht eine selbständige Wissenschaft wird. Auch ist nicht zu verstehen, wie von einer solchen Enzyklopädie eine so tiefe Erschütterung und eine so fruchtbare Weiterbildung des Denkens und Lebens ausgehen konnte, wie sie doch, denken wir nur an Plato und an Kant, von der Philosophie tatsächlich ausgegangen sind. Und wie soll es gehalten werden, wenn die einzelnen Wissenschaften sich nicht ohne weiteres zusammenschließen, wenn schroffe Konflikte entstehen, wenn zum Beispiel das eine Gebiet ebenso entschieden eine mechanische Kausalität verficht, wie das andere auf einer Freiheit des Handelns besteht? Soll die Philosophie einen derartigen Widerspruch ruhig ertragen und willig hinnehmen?

Wer demgegenüber der Philosophie ein eigentümliches Werk zuspricht, der huldigt oft dem Gedanken, sie habe ein gewisses Gesamtbild aus der Eigentümlichkeit des betrachtenden Menschen zu entwerfen; sie sei weniger eine strenge Wissenschaft als eine freie Kunst und bleibe daher mit der individuellen Art untrennbar verwachsen. Danach würde die Philosophie eine unübersehbare Fülle verschiedener Weltbilder bieten verschiedener Wirkung und verschiedenen Wertes; für diese Fassung scheint der Reichtum der Gestalten zu sprechen, welchen die Geschichte der Philosophie zeigt. Ohne Zweifel enthält diese Fassung eine gewisse Wahrheit, das subjektive Element fällt bei der Philosophie besonders stark ins Gewicht. Aber wiederum bleibt die Wirkung unerklärt, die sie im Ganzen der Geschichte geübt hat. Denn wie könnten derartige wechselnde Bilder so viel anregen und bewegen, so viel Liebe und Haß erzeugen? Dazu bietet die Philosophie nicht bloß eine unbegrenzte Fülle von einzelnen Bildungen, sie zeigt auch beharrende Typen, welche Hauptrichtungen des menschlichen Wesens und Strebens zu verkörpern scheinen; solche Typen hat namentlich das Griechentum hervorgebracht, welche die Menschheit treu auf ihrem weiteren Wege begleiten und immer neue Förderung üben. Trotz allem Fortschritt des Wissens erhält sich dauernd eine platonische und eine aristotelische, eine stoische und eine epikureische, eine neuplatonische Denkart; hier wirken geistige Bewegungen, die sich unmöglich als willkürlich und zufällig betrachten lassen. Endlich behaupten sich durch den Wandel der Zeiten durchgehende Grundrichtungen, welche die Menschheit in verschiedene Lager spalten; denken wir nur an den Gegensatz des Idealismus und des Naturalismus, wie er nicht nur durch die Philosophie, sondern durch das ganze Leben geht. Hängt hier alles nur am individuellen Geschmack, oder wirken irgendwelche beharrende Antriebe? So viel ist gewiß, daß die Philosophie keine selbständige Lebensmacht sein kann, wenn sie bloß auf den Geschmack oder die Stimmung des Einzelnen gestellt wird.

Kühner und selbstbewußter erhebt die Philosophie den Anspruch, eine dem Denken innewohnende Notwendigkeit zu vertreten, besonders die Widersprüche auszutreiben, welche das gewöhnliche Weltbild enthält; erst die Bewältigung dieser Widersprüche, heißt es, gebe ihr eine zwingende Macht, eine Selbständigkeit, ja eine Herrschaft über das sonstige Denken, nun erst entstehe eine Metaphysik und eine gründliche Umwandlung des Wirklichkeitsbildes. Das scheint die Aufgabe über das bloße Subjekt hinauszuheben und ein unverwerfliches Ziel zu stellen. Aber auch diese Fassung enthält mehr Verwicklungen, als der erste Anblick verrät. Die Erfahrung der Geschichte zeigt, daß über die nähere Beschaffenheit dessen, was als Denknotwendigkeit und Überwindung der Widersprüche zu gelten hat, keineswegs eine Übereinstimmung besteht; große Denker gingen hier bis zu völligem Gegensatz auseinander; ein Hegel zum Beispiel sah in den Widersprüchen eine das geistige Leben beherrschende und forttreibende Macht, einem Herbart dagegen schienen sie ganz und gar unerträglich. Welche der verschiedenen Denknotwendigkeiten hat hier die Entscheidung zu fällen, und unterwirft uns dabei die erwählte Denknotwendigkeit nicht derselben Subjektivität, über welche sie hinausführen sollte? Gewiß muß die Philosophie irgendwelchen zwingenden Antrieb enthalten und irgendwelche Umwandlung der Wirklichkeit bewirken, um eine Großmacht des Lebens zu bilden, sie darf nicht ein bloßer Luxusartikel, eine nebensächliche Zutat sein, aber wie sie eine solche führende Stellung erlangen kann, das hat die bisherige Erörterung noch nicht ersehen lassen.

Einstweilen befinden wir uns unter dem Widerspruch, daß die Philosophie entweder auf dem Wege der bloßen Wissenschaft eine bloße Zusammenstellung, oder ein Ausdruck einer bestrittenen Denknotwendigkeit wird, oder aber zur Sache des individuellen Geschmackes oder der kulturgeschichtlichen Lage sinkt; jener Weg führt sie nicht über den bloßen Intellekt hinaus, auf diesem vermöchte sie eine strenge Wahrheit in keiner Weise zu erreichen. Wie überwinden wir diese Verwicklung? Wir können es nicht, ohne im Menschen verschiedene Lebensstufen anzuerkennen, welche verschiedene Forderungen stellen und damit leicht zusammenstoßen. Es zeigt aber das menschliche Leben vornehmlich drei derartige Stufen: es stellt uns in das Dasein als eine uns gegebene Welt hinein und erzeugt dabei mannigfache sinnliche Eindrücke und Antriebe; aber was hier an Seelenleben entsteht, das ist ein unselbständiges Stück des großen Getriebes, es ergibt keinerlei Erkennen. Wir erreichen demgegenüber mit der Aufbietung der eigenen Tätigkeit die Stufe des Geisteslebens und damit der Kultur; diese Stufe scheidet sich aber in eine Arbeitskultur und eine Inhaltskultur, oder wie es auch heißen könnte: in Zivilisation und in Geisteskultur. Auf der Stufe der Arbeit entsteht ein wachsender Zusammenhang der Kräfte und eine Überlegenheit gegen die einzelnen Eindrücke und Antriebe, es wird damit der überkommene Stand der bloßen Natur wesentlich gehoben, aber die Leistungen und die Fortschritte erfolgen innerhalb der gegebenen Welt; was hier an Geistigkeit entsteht, das bleibt gebunden an einen dargebotenen Gegenstand, es kehrt nicht zu sich selbst zurück, um ein Beisichselbstsein des Lebens zu entwickeln und eine auf sich selbst begründete Wirklichkeit zu erzeugen. Dies aber ist das Unterscheidende der Geisteskultur gegenüber der bloßen Zivilisation; sie kann die dafür notwendige Selbständigkeit nicht ohne einen Bruch, ja einen Widerspruch gegen die Welt des bloßen Daseins erreichen; der Schwerpunkt des Lebens wird durch eine solche Umkehrung von den Berührungen mit dem Dasein in ein selbsttätiges Selbst verlegt, mit dem hier gewonnenen Inhalt aber wird ein neues Leben, das Reich der Geisteskultur, gewonnen. Von hier aus erscheint alles, was unterhalb dieser Höhe liegt, nicht nur als unvollständig, sondern als mit einem Widerspruch des Lebens behaftet; es entsteht zunächst in der Natur ein unermeßliches Reich von Beziehungen und Bewegungen, aber dieses Reich entbehrt mit seiner bloßen Tatsächlichkeit alles Sinnes und aller Seele, alles Beisichselbstseins; das Tierleben zeigt ein gewisses Innenleben, aber es schließt sich noch nicht zusammen, und es dient ganz überwiegend den Zwecken der natürlichen Selbsterhaltung. Diesem Boden entreißt uns die Arbeitskultur, aber dabei entsteht ein schroffer Widerspruch daraus, daß zahllose Kräfte entwickelt werden, daß Zwecke über Zwecken erwachsen, daß aber ein Gesamtzweck fehlt, daß alle großartige Leistung kein Ganzes des Lebens ergibt, das sie fördern könnte. Es zeigt sich hier eine weite Kluft zwischen Leistung und Eigenleben. Erst die Überwindung dieser Kluft ergibt ein volles und selbsttätiges Leben, erst hier entstehen im vollen Sinne Lebensgebiete wie Religion, Moral, Kunst, Philosophie; gewiß haben auch sie viel zu arbeiten, aber ihre Stärke liegt nicht in der Arbeit, sondern im Schaffen, im Bilden einer Wirklichkeit. Dieses schaffende Leben hat eine unvergleichliche Art gegenüber den früheren Stufen, es kann sich unmöglich aus einzelnen Punkten zusammensetzen, es muß eine Einheit bilden, die wohl an den einzelnen Punkten hervorbricht, nicht aber ein Erzeugnis von ihnen bildet; das Ganze einer Tatwelt muß diese Entfaltung tragen und alle Mannigfaltigkeit umspannen, alles Frühere aber zu einer bloßen Umgebung herabsetzen.

Dieser Stufe der selbständigen Geistigkeit gehört auch die Philosophie an, sie bildet nicht ein bloßes Abbild einer gegebenen Wirklichkeit, sie vollzieht nicht eine bloße Weiterbildung, sondern eine Umbildung des Lebens, indem sie ihren Standpunkt in jener Inhaltswelt nimmt und eine Offenbarung des Schaffens vollzieht. Sie ist wegen jenes Widerspruchs gegen die gegebene Welt Metaphysik, eine Metaphysik freilich des Lebens, nicht der bloßen Begriffe, sie ist nicht eine intellektualistische, sondern eine noologische Metaphysik, d. h. eine Metaphysik, welche die Entfaltung des selbständigen Lebens vertritt; sie darf mit ihrer allumfassenden Tatsächlichkeit ein Positivismus metaphysischer Art heißen. Als Ganzes betrachtet, bedarf die Philosophie eines Zusammenwirkens des Schaffens und der Arbeit. Sie muß in der Eröffnung der Tatwelt die tiefsten Quellen ihrer Überzeugung suchen, nur von hier aus erlangt sie eine innere Einheit und einen ausgeprägten Charakter, nur von hier aus gewinnt sie Ideen als schaffende Mächte und vollzieht sie damit eine Umwandlung des Lebens. Aber zur näheren Ausführung bedarf sie der Auseinandersetzung mit dem Befunde des Daseins und der Hilfe der einzelnen Wissenschaften, nur damit kann sie ein festes Verhältnis zur Erfahrung erreichen. Aber so gewiß die Philosophie auf die Unterstützung jener angewiesen ist, sie wird damit keine bloße Zusammensetzung von Arbeit und von Schaffen, von Arbeitskultur und Geisteskultur. Der Erfahrungsbestand, dem die einzelnen Wissenschaften dienen, wirkt nur insofern zu ihrer Weitergestaltung, als er auf den Boden des schaffenden Lebens versetzt wird und hier einerseits als Widerstand, andererseits als Reiz und Antrieb wirkt; die Philosophie verliert ihre Selbständigkeit, sowie ihr Existenzrecht, wenn sie mit der bloßen Arbeitsstufe abschließt.

Nach dem allen besteht die Hauptaufgabe der Philosophie darin, eine Welt selbständigen Lebens herauszuarbeiten und dem Menschen zu vermitteln, es gilt hier die grundlegenden Erfahrungen zu ergreifen, welche unser Leben und Streben beherrschen. Derartige Erfahrungen des Gesamtlebens sind grundverschieden von dem, was gewöhnlich »innere Erfahrung« heißt. Denn eine derartige Erfahrung ist eine Sache des bloßen Individuums und Subjekts, sie liefert in keiner Weise einen festen Boden für den Aufbau einer Wirklichkeit, sie ist mit viel Zufälligkeit und Wechsel behaftet. Die Erfahrungen und Offenbarungen des Lebens dagegen erschließen eine Inhaltswelt, ein Reich des Beisichselbstseins und erreichen dadurch erst eine volle Wirklichkeit. Damit entsteht für das Schaffen der Philosophie ein eigentümliches Verfahren; wir nennen es das noologische und unterscheiden es deutlich vom psychologischen: denn dieses stellt sich in eine gegebene Welt, in das Dasein, hinein und möchte lediglich feststellen, was hier vorgeht. Das noologische dagegen behandelt die Welt als aus der Selbsttätigkeit des Lebens entspringend und verfolgt von innen heraus ihr Werden; jenes ergibt nur einen Tatbestand, keine innere Durchleuchtung, dieses besteht zwingend auf einer solchen. Bei diesem Verfahren geht die Bewegung weder nach antiker Art von der Welt zum Menschen, noch nach moderner vom Menschen zur Welt, sondern sie geht auf ein weltbildendes Leben im Menschenwesen. Von diesem Leben aus muß sich alles rechtfertigen, was als wirklich anerkannt sein will; so der Begriff der Welt, so auch der Gottesbegriff. Dieses Leben, nicht der bloße Mensch, ist der Träger des Erkennens. Das schaffende Leben selbst ergibt Grundzüge einer eigentümlichen Welt, es ergibt zugleich für das Erkennen Grundwahrheiten, ohne deren Festhaltung es zusammenbrechen würde, in deren Behauptung es daher einen Kampf für seine Selbsterhaltung führt.

Wenn aber die Philosophie aus einem schaffenden Leben schöpft und damit allein eine Selbständigkeit gewinnt, so hat sie die große Aufgabe, uns Menschen dieses Leben zu vermitteln und damit unseren Stand wesentlich zu erhöhen. Sie ist keineswegs eine Sache des bloßen Intellekts, sondern nur mit Hilfe des Intellekts vollzieht sie eine Erhöhung des Lebens. Sie steht nicht als eine kühle Betrachtung neben einem Leben, das unabhängig von ihr verläuft und erst nachträglich von ihr betrachtet wird, sondern sie selbst hilft das Leben bilden und weiterführen, sie wird von seiner Bewegung getragen und getrieben.

Das Leben fand in der Philosophie nicht etwas schon Vorhandenes vor, sondern es gewann durch sie mehr Gestalt und Selbständigkeit, die Leistungen der Philosophie waren unmittelbar, nicht erst in ihren Folgen, Lebenswandlungen, Lebenserweiterungen, Lebenserhöhungen. Führende Geister waren daher nur solche, in denen neues Leben hervorbrach und neue Kräfte zur Entfaltung kamen; so waren sie Bahnbrecher, Eroberer im Reiche des Geistes, in ihrem Wirken tiefgehender und dauernder als die Eroberer im sinnlichen Dasein. Die Philosophie wird aber nicht schon dadurch zu einer Weltwissenschaft gehoben, daß sie sich mit dem Weltproblem befaßt, denn dieses kann in einer bloß schulmäßigen und engen Weise geschehen, sondern dadurch, daß sie einen Zusammenhang mit dem Ganzen des geistigen Lebens wahrt und dieses durch ihr Streben weiterführt.

Damit erhält die Philosophie ein eigentümliches Verhältnis zur Geschichte. Sie kann keineswegs ein bloßes Werk der menschlichen Geschichte sein; wäre sie es, so würde sie ein regelloses Nebeneinander einzelner Erscheinungen werden, eine bloße Spiegelung der Zeit, ein Stück der Kulturgeschichte. Mehr leisten kann sie lediglich, insofern sie etwas Übergeschichtliches enthält, ein *a priori* des Lebens, nicht bloß des Denkens, das feste Maße und Richtungen bietet und dadurch das menschliche Streben zu beherrschen vermag. Dies *a priori*, dieses Übergeschichtliche, liefert aber nur einen Umriß; zu einer vollen Durchbildung bedarf es eines geschichtlichen Strebens, das den Umriß zu einer vollen Gestaltung zu führen vermag. Hier trennen sich unsere Wege von Hegel, dessen Größe wir dabei vollauf anerkennen. Wir sind einig mit Hegel darin, die Geschichte nicht als ein bloßes Nebeneinander zu verstehen, wir betrachten sie vielmehr mit ihm als einen Weg zu einer zeitüberlegenen Gegenwart, aber wir glauben dabei nicht schon am Abschluß zu stehen, sondern uns gilt die Bildung einer solchen Gegenwart als noch mitten im Fluß und daher offen auch für die Zukunft. Auch wir bekennen uns mit Hegel zu der gewaltigen Macht, welche die Gegensätze in unserem Leben besitzen, aber diese sind nicht bloß logisch-dialektischer Art, sie sind inhaltliche Mächte, die weit über allem logischen Schema liegen. Die bewegende Macht der Geistesgeschichte liegt uns nicht im freischwebenden Denken und in der wachsenden Bewußtheit des Geistes, sondern in dem Sichselbstsuchen und Sichemporringen des schaffenden Lebens im Bereich und mit Hilfe der Menschen. Die so verkündete Geschichte setzt den Glauben an eine zeitüberlegene Wahrheit voraus, nur ein von solchem Glauben getragenes Streben kann den einzelnen Strahlen der Wahrheit, die wir Menschen erreichen, einen Zusammenhang geben und das Ganze vor einem Zerfall in flüchtige Erscheinungen behüten. Damit erhält die Geschichte einen anderen Charakter, nun vermag sich von der bloßen Zeitgeschichte eine Geistesgeschichte zu scheiden und eine ewige Ordnung für uns herauszuarbeiten. Diese Geschichte ist grundverschieden von der bloßen Zeitgeschichte mit ihrem Wechsel der Lagen;

die Leistung in der Zeit ist hier zugleich eine Überwindung der bloßen Zeit. Die Bewegung geht dabei nicht in eine dunkle Ferne, sondern als ein Suchen des eigenen Wesens hält sie in der Bewegung den Ausgangspunkt fest und wird sie im Fortschreiten selbst ein Zurückkehren und Sichvertiefen, eine Selbsterweiterung und Selbstbefestigung. Hier versinkt, was in der Geschichte sich an geistigem Gehalt erschloß, keineswegs mit der Zeit, die es brachte, hier vermag es sich gegenüber aller Zeit zu erhalten, hier vermag es auch seine Eröffnungen mehr und mehr zum Zusammenhange einer Welt zu verbinden, der sicher und fest über dem Wandel menschlicher Dinge liegt, wie in dem älteren Naturbilde das unwandelbare Himmelsgewölbe über der unsteten Flucht der menschlichen Dinge. So verstanden ist die Geschichte der Philosophie nicht ein bloßer Bericht von den Meinungen und den Irrungen der Individuen; wer nicht mehr in ihr sieht, der hat kein Recht, sie in den Rang einer wissenschaftlichen Disziplin zu erheben und einen Gewinn für die Förderung des geistigen Lebens von ihr zu hoffen; nur wenn die bloße Zeitgeschichte abgestreift wird, kann durch das Suchen und Irren der Menschen hindurch sich eine zeitüberlegene Wahrheit uns eröffnen und mehr und mehr aus uns machen. Bei der Behandlung der Philosophie aber wird sich dann an erster Stelle eine systematische Art ergeben, welche ihren Standort in den Lebenszusammenhängen selbst nimmt und damit das Problem des Erkennens direkt fordert; ihr anschließen aber wird sich eine geschichtliche Würdigung, welche vom Streben der Menschen ausgeht und die Erfahrungen dieses Strebens zusammenfaßt; eine derartige Würdigung wird naturgemäß mehr einleitender Art sein. Aber auch diese muß von einer bloßen Kulturgeschichte scharf abgehoben werden, da sie das Ziel der übermenschlichen und überzeitlichen Wahrheit fest im Auge zu behalten hat. Von diesem Gedankengange her erhält auch unsere Einführung in die Philosophie ein gutes Recht und eine Bedeutung.

Die Aufgabe unserer Einführung in die Philosophie

Eine Einführung in die Philosophie läßt sich in verschiedener Weise unternehmen, unsere besondere Art sei keineswegs anderen aufgedrängt. Aber unsere Fassung der Aufgabe dürfte neben anderen Arten ein gutes Recht haben. Wir möchten die geistige Bewegung vorführen, welche sich in der Philosophie vollzieht und den Lebensstand erhöht; die Geschichte gilt uns als ein Weg, in diese Bewegung mit ihren Problemen hineinzukommen; sie selbst soll dadurch eine innere Durchleuchtung erfahren und zugleich eine enge Berührung mit der Philosophie gewinnen. Wir gedenken aber den Stoff in zwiefacher Weise zu erfassen: sowohl von einzelnen Knotenpunkten her, bei denen sich das Streben konzentriert, als auch von den Hauptabschnitten der Geschichte her, in welche sich die Gesamtgeschichte gliedert. Jene Hauptpunkte bilden uns keineswegs ein bloßes Nebeneinander, sondern sie ergeben einen durchgehenden Aufstieg, indem die Betrachtung von mehr formalen Größen zu inhaltlichen weiterschreitet.

Es sollen uns nämlich beschäftigen die Probleme:

1. Einheit und Vielheit (Ordnung und Freiheit);

2. Ewigkeit und Zeit (Beharren und Veränderung);

3. Innenwelt und Außenwelt (Idealismus und Naturalismus);

4. der Weg des Erkennens (das Wahrheitsproblem);

5. das Ziel des Handelns (das Glücksproblem).

Was aber die Gliederung der Geschichte betrifft, so wird unsere Untersuchung von dem Gedanken beherrscht, daß auf dem Boden der Geschichte eigentümliche Lebenszusammenhänge, wir nannten sie Syntagmen, entstehen, welche besondere Erfahrungen und Leistungen enthalten und dabei alle Fülle des Lebens in eine Haupterfahrung und eine Hauptleistung fassen, damit aber dem Ganzen einen ausgeprägten Charakter geben. Gewiß bedarf ihre Bildung unermüdlicher Denkarbeit, aber sie werden damit kein bloßes Erzeugnis dieser. Das Denken selbst empfängt vielmehr aus diesen Zusammenhängen eine eigentümliche Art und Richtung, welche es aus eigenem Vermögen nicht hervorbringen kann; so ist es über das Denken hinaus das Ganze des Lebens, das sich dabei zu einer unvergleichlichen Einheit zusammenschließt. Derartige Syntagmen erkennen wir in der klassischen Kultur der Griechen, in der christlichen Lebensordnung des Mittelalters, in der modernen Aufklärung mit ihren beiden Ästen des Intellektualismus und des Naturalismus. Keine menschliche Kunst, sondern nur eine überlegene Bewegung des Lebens kann dabei das unsichere Reflektieren überwinden und dem Menschen das Bewußtsein eines Getragenwerdens von einer Macht der Wahrheit geben, sowie seinem Handeln feste Ziele stecken. Diese Syntagmen enthalten selbst eine eigentümliche Geschichte, sie zeigen ein Steigen und ein Sinken, aber mit dem Ganzen ihrer Leistungen heben sie den Menschen über den bloßmenschlichen Kreis hinaus und eröffnen sie ihm ein Teilhaben am schaffenden Leben. Ihre Mannigfaltigkeit und Verschiedenheit braucht sie dabei keineswegs einem haltlosen Relativismus zu überliefern, wenn wir nur überzeugt sind, daß ein

Ganzes des Lebens jenen Unterschieden überlegen bleibt, und daß sie nicht sowohl seinen letzten Abschluß als seine Entfaltung nach einer besonderen Richtung bedeuten; so werden sie inmitten der Gegensätze ein bleibendes Wahrheitselement enthalten, und es kann hier das, was äußerlich vorüberzog, in einer Welt des Geistes einen bleibenden Wert behaupten, eine bleibende Wirkung üben. Zugleich wird es notwendig, den Geistesgehalt der Syntagmen von dem zu scheiden, was aus bloßmenschlichen Lagen hervorging, und ihn zugleich dem unaufhörlichen Wechsel dieser zu entwinden. So muß eine Gesamtbewegung des Lebens die einzelnen Syntagmen umfassen, es gilt von einem übermenschlichen Standort aus ihren Wahrheitsgehalt zu würdigen, zugleich aber, was sich geschichtlich als ein bloßes Nacheinander ausnimmt, aus einer Betrachtung *sub specie aeternitatis* in ein Miteinander zu verwandeln.

Eine besondere Spannung erhält dies Problem der Syntagmen aus der weltgeschichtlichen Lage der Gegenwart. Deutlich kündigt sich uns eine neue Lebenswoge an, es gilt einen neuen Zusammenhang zu gewinnen, der uns eine neue Eröffnung des schaffenden Lebens bringt, die überlieferten Mächte und Werte einer gründlichen Revision unterzieht, aufstrebenden Kräften freie Bahn bereitet. Das muß der Bewegung des Ganzen des Lebens einen gewaltigen Antrieb und einen dramatischen Reiz verleihen; einen dauernden Gewinn aber wird sie daraus nur ziehen, wenn sie das Zeitliche in dem Ewigen, das Bloßmenschliche in dem Übermenschlichen verankert. Die Philosophie aber muß dahin wirken, die Zeit von der Flachheit und Zerstreuung zu befreien, der sie ohne ein Durchbrechen überlegener Mächte rettungslos verfallen muß. Unsere Einführung aber möchte die innere Bewegung der Philosophie anschaulich darstellen und zugleich Philosophie und Leben enger miteinander verknüpfen, sie möchte auch auf diesem Wege das Erstarken einer Philosophie des Lebens fördern.

EINHEIT UND VIELHEIT

Ordnung und Freiheit

Die Natur, wie sie uns als Dasein umgibt, zeigt ein bloßes Nebeneinander der Elemente, keinen inneren Zusammenhang, in lauter gegenseitigen Beziehungen verläuft hier das Leben. Wo immer dagegen geistiges Leben sich regt, da entsteht das Verlangen nach einer Überwindung jenes Nebeneinander und nach Herstellung eines inneren Zusammenhanges, ja nach einem Ganzen des Lebens; alle einzelnen Hauptrichtungen der geistigen Arbeit enthalten ein Hinausstreben über einen Gegensatz und fordern irgendwelche Einigung. So will das Streben nach Wahrheit die Spaltung von Mensch und Sache, von Subjekt und Objekt, von Denken und Sein überwinden; so handelt es sich beim Guten engeren Sinnes um eine Befreiung vom kleinen Ich, um ein Durchbrechen der anfänglichen Enge und den Gewinn einer inneren Gemeinschaft; so will auch das Schöne einen Gegensatz überbrücken, indem es Sinnliches und Unsinnliches zu vollem Ausgleich zu bringen sucht. Zugleich erzeugt das Streben eine Gemeinschaft der Teilnehmer und verbindet sie zu einem zusammenhängenden Ganzen. Es ist nicht eine Sache des einzelnen Menschen, sondern des ganzen Geschlechts, es sucht nicht bloß einzelne Wahrheiten, sondern ein Reich der Wahrheit, das die Individuen umspannt und erhöht, ja das unabhängig von den Menschen bei sich selber gelten will. Ähnlich steht es mit dem Guten und Schönen; mag dabei noch so viel Streit und Zersplitterung walten, selbst der Streit wäre nicht zu verstehen, ohne den Glauben an eine gemeinsame Wahrheit und ohne die bewegende Kraft dieser Wahrheit.

Aber wie das Einheitsstreben einen unbestreitbaren Grundtrieb alles Geisteslebens bildet, so enthält es zugleich ein schweres Problem, an dem die Weltgeschichte rastlos arbeitet. Denn es handelt sich darum, wie die Einigung dem Menschen erreichbar ist, und welche Gestalt das Ganze annehmen muß, um die Mannigfaltigkeit in sich aufzunehmen und die Gegensätze zu überwinden. Verschiedene Versuche erscheinen dabei, und viel Bewegung erschließt sich dem Blicke dessen, der die Jahrtausende geistig durchwandert. Wir beginnen unserem Plane gemäß vom griechischen Leben. – Die Philosophie der Griechen hat den Hauptzug zur Einheit, sie neigt dazu, diesem Zuge alles unterzuordnen und einzufügen, was das Leben an Mannigfaltigkeit bietet. Einen einzigen Grundstoff suchen gleich ihre ersten Denker, die Ionier, einen zusammenhängenden Weltbau, einen Kosmos, lehren die Pythagoreer, selbst die Ausschließlichkeit eines einheitlichen Seins wird früh von den Eleaten vertreten und alle Vielheit zu einem bloßen Scheine herabgesetzt. Aber das griechische

Leben hängt zu sehr an der bunten Fülle der Wirklichkeit, um diese gänzlich preisgeben zu können; so stellt sich die Aufgabe dahin, ein festes Verhältnis von Einheit und Vielheit zu gewinnen und unter Herrschaft jener die Mannigfaltigkeit zusammenzuschließen. Indem Plato eine Gedankenwelt, die Ideenlehre, über alle Zerstreuung menschlicher Lage und Meinung hinaushebt, werden ihm die Gedankengrößen zu lebensvollen Gestalten; diese Gestalten verbinden sich zu einem Ganzen des Alls, das bewegend und erhöhend in das menschliche Dasein hineinwirkt und ihm eine tiefere Grundlage gibt. Auf dem Grunde wissenschaftlicher Arbeit entsteht hier eine künstlerische Lebensordnung, die auch von der Vielheit nicht das mindeste aufgibt, die aber einem jeden innerhalb des Ganzen seine besondere Stelle und seine besondere Aufgabe zuweist. Sein besonderes Werk kann es aber nicht verrichten, ohne Grenzen anzuerkennen und den rohen Naturtrieb zu überwinden, vom Ganzen her geht ihm eine Veredelung, ja eine Vergeistigung zu. So wird der ganze Umkreis des Lebens durchgebildet, in sich abgestuft, zum Ebenmaß und zur Harmonie gestaltet, es erfolgt hier mit Hilfe der Philosophie eine Unterwerfung aller bloßen Natur unter die Macht des Geistes.

Eine derartige Bewegung ergreift alle Richtungen des Strebens und gibt ihnen eine eigentümliche Art. Das Denken ist hier nicht ein kritisches Sichten und Zerlegen, ein Vordringen zu kleinsten Elementen, sondern es ist ein Zusammenschauen der Mannigfaltigkeit, ein Herausheben des Grundgefüges des Alls aus dem Chaos der ersten Erscheinung. Seine Hauptbewegung geht hier vom Ganzen zum Einzelnen, das Erkennen hat hier vornehmlich jedes einzelne Sein und Geschehen an seinen rechten Platz zu bringen und es aus seiner Leistung für das Ganze zu verstehen. Auch das Seelenleben des Menschen hat ein Gesamtwerk zu verrichten, das die einzelnen Teile und Stufen umspannt. Wie aber jede einzelne Seele eine derartige Aufgabe in sich selbst trägt, so gilt es, auch im menschlichen Zusammensein der Vereinzelung der Individuen mit ihrer Willkür und Selbstsucht entgegenzuwirken; der Gedanke eines auf Wissen gegründeten Staatsgefüges steigt und will sich durchsetzen, eine wesentliche Erhöhung wird davon erwartet, daß jenem Ganzen die Richtung auf geistige Güter gegeben, und daß durch die Abstufung der Stände die Arbeit gegliedert wird. Auch die härtesten Konsequenzen, wie der sonderbare Kommunismus der höheren Stände, werden nicht gescheut, wenn es nötig scheint, um die Selbstsucht in der Wurzel zu brechen. Aber alle Hingebung an das Ganze besagt keine völlige Aufopferung der Individuen, denn in der Einfügung befriedigen sie auch ihre eigene Natur und finden sie im Glück des Ganzen zugleich das eigene Glück.

Aristoteles steht in engem Zusammenhang mit dieser Lebensgestaltung, jedoch hat er auch bedeutende Weiterbildungen vollzogen. Der Zug zum Ganzen wirkt hier in voller Kraft, aber das künstlerische Vermögen mit seinem anschaulichen Bilden wird schwächer, dafür gewinnt das ordnende und gliedernde Denken den weitesten Raum, und es ist namentlich der Gedanke der allumfassenden Lebensentfaltung, der Versetzung des Daseins in volle Betätigung, der dem Denken Richtlinien gibt. Die Arbeit entwickelt hier vornehmlich einen systematischen Charakter, sie unterwirft die Welt im großen und kleinen der Idee eines gegliederten Ganzen, einer organischen Lebensweisheit. Mit besonderer Kraft und Klarheit bricht hier der Gedanke durch, daß ein organisches Lebewesen eine Fülle von Organen und Funktionen umfaßt und sie mit Hilfe der Zweckidee verständlich macht; dieser Gedanke des Organismus wird schließlich auf das ganze All übertragen, auch dieses bildet eine geschlossene Einheit, die nirgends ins Unbestimmte verläuft und nichts »Episodenhaftes« duldet. Mehr noch als bei Plato reicht hier die Grundüberzeugung in alle einzelnen Gebiete hinein. Das Denken wird zu einer logischen Durchgliederung der ganzen Wirklichkeit, es ist bereit, alle Eigentümlichkeit anzuerkennen, aber es läßt das Einzelne nie aus dem Zusammenhange herausfallen; einfache Grundgedanken beherrschen alle Gebiete, und auch bei scheinbarem Auseinandergehen hält das Band der Analogie sie zusammen. Auch das Seelenleben soll alles Vermögen entfalten, eine Gesamttätigkeit jedoch alles besondere Wirken umspannen und es nach ihren Zielen messen. Eine besondere Kraft und Anschaulichkeit erlangt der Gedanke des Ganzen bei der Staatsidee; wie jedes Glied nur im Zusammenhang mit dem Gesamtorganismus leben und wirken kann, so scheint erst die Gemeinschaft den Menschen zum vollen Menschen zu machen. So kann es heißen, der Staat sei früher als der Mensch. Zugleich wird innerhalb des Staates eine möglichst genaue Verzweigung verlangt, sowie die Gesinnung jedes Einzelnen zur Mitarbeit aufgerufen.

Die gemeinsame Arbeit beider Denker hat dem Leben einen festen Zusammenhang vorgehalten und das Einheitsverlangen des Lebens in hervorragender Weise befriedigt. Die Einigung erfolgt durch ein enges Bündnis von klarem Denken und künstlerischem Schaffen. Die Hauptleistung ist hier die kräftigste

Durchbildung des ganzen Umfangs des Daseins, es bleibt hier nichts draußen liegen, sondern vom Größten bis zum Kleinsten wird alles ergriffen, gestaltet, belebt. Der Mensch erweist hier das Vermögen, den Gedanken eines überlegenen Ganzen zu bilden, darin eine reiche Mannigfaltigkeit gegenwärtig zu halten, von hier aus den ganzen Umkreis der Wirklichkeit in einen inneren Zusammenhang zu bringen. Diese Art des Einheitsstrebens hat sich durch den Gesamtverlauf der Geschichte gehalten, sie ist oft mit verjüngter Kraft zu neuer Wirkung gelangt und scheint unentbehrlich für die geistige Aneignung der Breite und Fülle des Daseins. Aber als führende Lebenssynthese hatte diese Leistung Voraussetzungen, die immer mehr Widerstand fanden. Nicht nur bedarf es einer hervorragenden geistigen Kraft, um eine solche Synthese zu vollziehen, auch in der Sache setzt sie ein Zusammenstreben der Dinge, eine innere Harmonie der Wirklichkeit voraus, die durch die weitere Bewegung des Lebens immer unsicherer wurde. Zunächst behielt jene Lebenssynthese ihre führende Stellung nicht. Indem Philosophie und Einzelwissenschaften weiter auseinandertreten und jene sich vorwiegend zur Lebensweisheit gestaltet, fällt die Beherrschung des ganzen Umkreises der Wirklichkeit durch einfache Grundgedanken. Noch weniger fügen die Individuen sich der von jenen Denkern empfohlenen Bindung. Bei zunehmender Lockerung der alten Lebenszusammenhänge wird zum Hauptanliegen, dem Individuum eine Festigkeit bei sich selbst, eine Unabhängigkeit gegen alle Umgebung zu sichern; die Philosophie tut das namentlich, indem sie den Menschen mit dem Gedanken des Weltalls beschäftigt und ihm eine alles durchdringende Allvernunft mit ihrer Gesetzlichkeit gegenwärtig hält. Das volle Selbständigwerden des Individuums findet namentlich in der stoischen Lehre einen klassischen Ausdruck, hier entspringt der Begriff der weltüberlegenen Persönlichkeit, und das Teilhaben am Weltgedanken läßt das Menschsein als einen hohen Wertbegriff erscheinen. Zugleich ergibt sich ein unsichtbarer Zusammenhang aller Menschen, es entwickelt sich das Bewußtsein einer inneren Verwandtschaft, einer Zusammengehörigkeit alles Menschenwesens.

Ein solches Ergreifen und Gegenwärtighalten des Weltgedankens aus eigner Kraft verlangt heldenhafte und selbstwüchsige Individuen. Solche aber gibt es zu allen Zeiten wenig, und es konnte jene Lösung um so weniger befriedigen, je mehr gegen den Ausgang des Altertums das Gefühl der Unsicherheit, der Schwäche, der Hilfsbedürftigkeit um sich griff. Die Verwicklungen des Lebens scheinen schließlich zu groß, als daß der Mensch aus eignem Vermögen ihnen gewachsen werden könnte. Daraus entspringt immer mehr Verlangen nach Religion und schließlich eine Wendung zur Religion. Das Einheitsstreben aber erhält damit statt eines künstlerischen einen religiösen Charakter. Die Einheit wird nun nicht sowohl im Zusammenschluß der Mannigfaltigkeit zu einem gegliederten Werke, als durch die Wendung zu einem aller Vielheit überlegenen und sie begründenden Sein gesucht, und wenn den Griechen auch nie wie den Indern die Vielheit zu einem bloßen Scheine herabsank, sie daher auch nie einem ausschließenden Monotheismus huldigten, so wird ihnen mehr und mehr am Lebensbestande nur das bedeutend, was die Einheit des Alls zum Ausdruck bringt. Das Leben erhält damit einen gewaltigen Antrieb und Aufschwung, aber die Durchbildung geht verloren, welche das ältere Schaffen bot.

Eine philosophische Gestaltung hat der neuen Art namentlich Plotin gegeben. Die Philosophie vollzieht hier eine eingreifende Wendung namentlich in der Richtung, daß sonst die Religion dem Glück des Menschen zu dienen hatte, jetzt aber der Schwerpunkt sich in das All verlegt und der Mensch nur von diesem her ein Leben und Wesen zu empfangen hat. Hier trägt und durchflutet ein einziges Leben den ganzen Umkreis der Wirklichkeit und macht sie zu seiner Entfaltung, an ihm hängt alle Mannigfaltigkeit und zu ihm strebt alles zurück. Viele Bilder versuchen zu zeigen, wie das eine den ganzen Reichtum der Welt hervorbringen kann, ohne irgendwie sich selbst zu verlassen und über sich hinauszustreben. Es ist wie das Licht, das weithin strahlt, ohne seine Leuchtkraft irgendwie zu mindern, wie der Urquell, aus dem alles stammt, und der selbst unerschöpflich fortrinnt, wie die Wurzel eines Baumes, der sich zur Welt entfaltet, aber nicht in solche Entfaltung aufgeht. In diesen Zusammenhängen ist der Kern des geistigen Lebens und zugleich der Philosophie nichts anderes als ein Suchen und Ergreifen der Einheit, alle verschiedenen Gebiete sind nur Wege zur Einheit. Da aber die letzte Einheit jenseits aller besonderen Formen und auch jenseits aller Begriffe liegt, so kann das Denken auch bei höchster Anspannung seiner Kraft der Forderung nicht genügen, nur ein unmittelbares Erfassen kann uns jene Einheit zu eigen geben; das Denken schlägt um in ein gestaltloses Gefühl, eine unaussprechliche Stimmung, welche gar nichts anderes als Einheit will. So hat es sich mit jener Wendung als reines Denken zerstört, aber aus der gewaltigen Erschütterung ist ein Selbständigwerden des

Innenlebens hervorgegangen und ein neuer Lebenstypus seelischer Bewegung, mit sich selbst befaßter Innerlichkeit entsprungen.

In der näheren Durchführung erhält das Leben hier eine zwiefache Gestalt: eine hierarchische und eine mystische. Hier wie dort ist das Streben durchweg auf die Einheit gerichtet, aber die hierarchische Ordnung ergreift sie durch verschiedene Stufen hindurch, die mystische dagegen will sich ihrer unmittelbar bemächtigen. Jene läßt die Mannigfaltigkeit stehen, aber sie bringt sie in eine feste Ordnung und versteht sie als eine fortlaufende Kette des Lebens. Von der Ureinheit geht hier das Geistesleben als die erste Stufe aus, daran reihen sich als weitere Stufen Seele und Natur. Jedes Gebiet empfängt an seiner Stelle das Leben von dem nächsthöheren Sein und führt es von sich aus dem niederen zu. Ein solcher Zusammenhang gibt auch dem einen Wert, was für sich unvollkommen scheinen mag; nur eine Verkennung dieses Zusammenhanges kann Böses in der Wirklichkeit zu entdecken meinen, da es in Wahrheit nur ein Mindergutes bedeutet. Mit solchem Gedanken der Abstufung und der absteigenden Mitteilung des Lebens von oben her nach unten hin ist ein Prinzip der Anordnung gewonnen, das auf christlichem Boden zu großer Wirkung gelangen sollte. – Die Mystik dagegen setzt den Einzelnen in ein unmittelbares Verhältnis zum unendlichen Leben, sie möchte ihn so ganz darin aufgehen lassen, daß dieses Leben zu seinem eignen wird; indem er alles ablegt, was ihn absondert und unterscheidet, indem ihn nichts mehr fesselt, was unter den Menschen Glück heißt, fühlt er sich von aller Enge und Dürftigkeit des bloßen Punktes befreit, und glaubt er im Erlöschen selbst ein unvergleichlich höheres Leben und eine echte Seligkeit zu gewinnen. Hier zuerst erscheint im westlichen Leben mit voller Klarheit die Macht, die der Gedanke einer gänzlichen Preisgebung des Ich und eines Aufgehens in ein unendliches Leben auf die Seele zu üben vermag; daß der Mensch allem Bloßmenschlichen völlig entsagen und den ganzen Reichtum der Wirklichkeit aufgeben kann, ohne damit ins Leere zu fallen, das vornehmlich scheint ihn einer Weltüberlegenheit zu versichern und den letzten Tiefen des Alls zu verbinden. So dünkte er sich nirgends größer als in solcher völligen Preisgebung aller Sonderart. Diese Bewegung hat wie ihre Größe so auch ihre Gefahr darin, das Leben auf einen einzigen Punkt zu stellen; wohl ist aus solcher Konzentration der Gedanke einer reinen Innenwelt aufgestiegen, und es hat hier die Anerkennung der unmittelbaren Gegenwart unendlichen Lebens der Seele eine allzeit offene Zuflucht eröffnet, aber zugleich zwingt die Abstreifung aller Besonderheit das Leben, auf allen näheren Inhalt und auf alle Durchbildung der Wirklichkeit zu verzichten. Aber trotz solchen Mangels bleibt jene Denkweise ein unentbehrliches Stück aller Entwicklung selbständiger Innerlichkeit; so zieht sie sich nicht nur durch das Mittelalter hindurch, sie bricht auch auf dem Boden der Neuzeit in neuen Formen hervor und erweist ihre fortquellende Kraft auch in der Gegenwart. Auf eine unmittelbare Gegenwart des unendlichen Lebens in der Seele läßt sich nicht wohl verzichten, ohne daß das Leben an seelischer Tiefe und voller Ursprünglichkeit verliert.

Zwei Entwicklungen des Lebens traten uns gegenüber, eine künstlerische und religiöse, jene will die Welt in ein gegliedertes Gefüge bringen, diese alle Mannigfaltigkeit auf eine allesbegründende Einheit führen; das ergibt verschiedene Gestaltungen, Aufgaben, Grundgefühle. Aber es verbleibt ein gemeinsamer Boden: beide Lebensordnungen setzen eine fertige und geschlossene Welt voraus, beide finden die Hauptaufgabe darin, dieser Welt durch das Denken verbunden zu werden; beide wollen die Welt nicht sowohl umgestalten als anschauen, sich ihrer Herrlichkeit erfreuen; beiden steht das Denken vor dem Handeln; es kann uns mit seinem Betrachten aus dem Ganzen mit allem versöhnen, was der erste Anblick der Wirklichkeit an Mißständen und Leiden bietet. Hier schöpft unsere Seele allen Gehalt aus dem All; das All selbst aber erscheint als ein bei sich selbst vollendetes Ganzes, es ist weniger eine Tatwelt als eine ewige Ordnung und ein überlegenes Schicksal.

Das christliche Leben stellt sich eigentümlich zum Problem der Einheit und Vielheit: einerseits folgt es dem Altertum, andererseits erzeugt es neue Anblicke und Aufgaben. Schon daß das Christentum seinem unterscheidenden Charakter nach eine Religion von ethischer Art ist, treibt nach verschiedener Richtung: die Moral verlangt ein Handeln und damit eine Selbsttätigkeit wie Selbständigkeit des Individuums, die Religion dagegen gewinnt nur volle Kraft, wo der Mensch seiner Schwäche bewußt ist und bei höheren Mächten Hilfe sucht. Der ethische Zug überwiegt zunächst in der Fassung der Gottesidee, die gegen die griechische Welt aufs wesentlichste verändert wird. Denn in dieser bleibt das Göttliche, auch bei der späteren Erhebung über alles sinnliche Dasein, mit dem Ganzen der Welt eng verbunden und verwachsen, es löst sich nicht als eine selbständige Kraft von ihr ab und tritt ihr nicht frei gegenüber; so erscheint auch sein Wirken weniger als ein freies Handeln denn als ein Naturprozeß, der nur ins Geistige gehoben ist, es wird als ein Ausfließen, Ausstrahlen, Hervorgehen, jedenfalls als ein Geschehen aus Notwendigkeit vorgestellt. Das Christentum dagegen sieht in Gott eine selbständige, der Welt überlegene, rein bei sich selbst befindliche Geistigkeit, sein Wirken wird als ein freies Handeln, seine Mitteilung als die Eröffnung einer seelischen Gemeinschaft gedacht. Der Wandlung im Begriff des göttlichen Wesens entspricht ein neues Verhältnis des Menschen zu ihm. Der Grieche sucht auf der Höhe philosophischer Arbeit sich der Gottheit durch möglichste Steigerung der Erkenntnis zu nähern und dabei ganz mit ihr zusammenzufließen, das Leben kehrt hier nicht wieder an den Ausgangspunkt zurück, um Neues und Höheres aus ihm zu machen. Dies aber geschieht auf christlichem Boden, indem das Verhältnis zur Gottheit auch im Einzelnen eine neue Tiefe des Lebens eröffnet und ihn auch in seiner Besonderheit zum Gegenstand göttlicher Liebe und Fürsorge macht. Das Einzelwesen, das von Natur und Gesellschaft so gleichgültig behandelt zu werden pflegt, gewinnt aus solcher Beziehung einen unendlichen Wert und darf sich als einen völligen Selbstzweck betrachten, zugleich aber findet es in sich selbst eine Aufgabe, die allem Wirken ins Weite und Ganze vorangeht. Das aber gilt für alle Menschen unterschiedlos, es bemißt und begrenzt sich nicht nach dem Grade der Leistung, sondern es hängt am Ganzen der Seele und seiner Richtung, an dem Aufgebot tätiger Gesinnung. So ein weiter Abstand von der griechischen Denkweise, welche die Verbindung mit der überlegenen Einheit zur Sache des Erkennens nicht machen konnte, ohne große Unterschiede anzutreffen und nur wenige zur vollen Aneignung Gottes zu berufen. Auch das wirkt zur Steigerung des Individuums, jedes einzelnen Individuums, daß in der ethisch gerichteten christlichen Gedankenwelt das griechische Ideal der Gerechtigkeit dem der Liebe weicht. Wenn dort die Leistungen über die Stellung im Ganzen entscheiden, so konnte das Geringe und Schwache keine volle Schätzung erhalten; dagegen gewinnt es einen Wert, wenn sich in jedem Menschen eine Aufgabe reiner Innerlichkeit eröffnet, und wenn unendliche Liebe alles, auch das Geringste, im gleichen Grade umfaßt.

Wird mit dem allen die Bedeutung des Individuums und seiner Entscheidung erheblich gesteigert, so wird zugleich ein fester Zusammenhang mit dem Ganzen nicht aufgegeben, vielmehr wirkt vieles zu seiner Verstärkung. Gerade weil das Christentum das Verhältnis zur Gottheit nicht in einzelne Beziehungen und Leistungen setzt, sondern in ihm eine Umwandlung der ganzen Seele sucht, kann der Einzelne die entscheidende Wendung nicht von sich aus erzwingen, sondern ein neues Leben muß ihm aus überlegener Macht und Gnade entgegenkommen, ein Reich Gottes muß sich ihm eröffnen und die Bereitwilligkeit darin einzutreten in ihm erwecken. Welttaten müssen vorangehen, damit an der einzelnen Stelle eine Umwälzung stattfinden könne, oder, wie Hegel es in seiner Sprache ausdrückt: »daß der Gegensatz an sich aufgehoben ist, macht die Bedingung, Voraussetzung aus, die Möglichkeit, daß das Subjekt auch für ihn sich aufhebe«.

So enthielt das Christentum, wie es jede geistige Bewegung großen Stils auf dem Boden der Menschheit zu tun pflegt, harte Widersprüche, die irgendwelche Ausgleichung finden mußten; die Art der Ausgleichung aber ward vornehmlich durch die Art der Zeit bestimmt, in welcher das Christentum eine geschichtliche Festlegung erhielt. Es war das eine Zeit starker Herabsetzung des Lebensmutes und Lebenstriebes, eines Unsicherwerdens der Menschheit über sich selbst, einer Auflösung geistiger Zusammenhänge. Die alte Zeit ging zu Ende, und eine neue war noch nicht erschienen. So trat vor alles übrige Streben das Verlangen nach einem festen Halt, man wollte seiner Rettung zweifellos versichert und von aller eignen Verantwortung möglichst entlastet sein, man wollte es um so mehr, als eine durch trübe Erlebnisse eingeschüchterte Denkweise den Gedanken des ewigen Lebens vornehmlich als eine Angst vor ewigen Strafen empfand. Das drängte zu williger Unterwerfung unter eine überlegene Autorität, sowie zu einer möglichst handgreiflichen Art des Glaubens. In solcher Lage war das Christentum der damaligen Menschheit ein fester Halt, aber es erfuhr zugleich eine Vergröberung, eine Wendung ins Sichtbare und ins Sinnliche. So kam es, daß die Kirche mit ihrer engen Verflechtung der sichtbaren und der unsichtbaren Ordnung mehr und mehr das Christentum in sich aufnahm, daß sie den Schatz der göttlichen Gnade zu verwalten schien und dem Einzelnen gegenüber zur unantastbaren Autorität ward. Das Mittelalter hat das weitergeführt und dabei dem Gedanken einer von der Religion getragenen Organisation, einer festen und greifbaren Organisation, die Herrschaft über die Gemüter gegeben. Was immer diese Wendung an Verwicklungen und Mißständen mit sich gebracht hat, das darf ihre Größe nicht verkennen lassen. Nirgend anders als hier ist im gesamten Lauf der Geschichte der Versuch gemacht worden, die ganze Menschheit auf Grund gemeinsamer Überzeugungen in einen festen Zusammenhang zu bringen, sie nicht nur durch einen äußeren Zwang, sondern auch innerlich zu verbinden. Zugleich wird die geistige Ordnung tief in das Menschliche hineingezogen und empfängt daraus starke Einflüsse, ihre nähere Gestaltung wird dadurch mitbestimmt, was der Mensch an Bedürfnissen hatte, oder was nötig schien, um ihn in Bewegung zu setzen; im Gesamtergebnis ist hier eine einzigartige Ausgleichung zwischen Geistigem und Bloßmenschlichem geschlossen, wobei jenes grundsätzlich seine Überlegenheit wahrt, in der näheren Ausführung aber weithin vom Menschlichen fortgerissen wird. Diese Ausgleichung herzustellen, hat niemand mehr gewirkt als Augustin, ein Mann, der zugleich ein starkes Verlangen nach einem weltumspannenden Geistesleben und das tiefste Gefühl für die Bedürfnisse und Schwächen des Menschen besaß.

Der Organisationsgedanke hat seine volle Ausbildung erst im Mittelalter erlangt; er hat hier nicht nur das Verhältnis des Individuums zur Gemeinschaft, sondern auch das der einzelnen Lebensgebiete untereinander bestimmt. Indem die religiöse Gemeinschaft als Kirche vorantritt, wird dem Einzelnen ein fester Halt gegeben, ihm die Richtung seines Lebens gewiesen, er zu bestimmten Leistungen mit sanfterem oder stärkerem Zwange genötigt. Damit wird ein gewisser Stand des Lebens erreicht, eine gewisse geistige Regung bewirkt und eine Disziplinierung der Massen vollzogen. Aber zugleich sind die Grenzen dieser Leistungen nicht zu verkennen. Jene Unterordnung und Bindung bringt unvermeidlich ein starkes Sinken der Selbständigkeit mit sich, und mit der Selbständigkeit muß auch die Innerlichkeit Schaden erleiden; es läßt sich nicht der Hauptwert des Menschen an die Verrichtung gewisser Übungen und Leistungen, an die Erfüllung seiner religiösen, das heißt kirchlichen »Verpflichtungen« knüpfen, ohne daß, was im Innern des Menschen vorgeht, zur Nebensache wird und die Gesinnung zurückdrängt. Mehr und mehr wird der Schwerpunkt des Lebens aus der Seele des Einzelnen herausverlegt und er wie ein bloßer Anhang des riesenhaften Kirchensystems behandelt. In konsequenter Entwicklung dessen wird die Kirche nicht nur zum alleinigen Träger der Wahrheit, sondern auch zum moralischen Gewissen der Menschheit, ihre Diener befinden darüber, was jeder als wahr zu erachten und als gut zu erstreben habe, sie glaubt ihn ewiger Seligkeit versichern oder zur Unseligkeit verdammen zu können. Je mehr sich das durchsetzt und einlebt, damit aber die Ursprünglichkeit des Lebens an den einzelnen Stellen versiegt, desto mehr muß der Mensch seine Größe in williger Unterwerfung finden, desto mehr erhält die Frömmigkeit den Charakter einer willigen Devotion, desto weniger Platz ist für eine selbständige Überzeugung und Gesinnung, für aufrechte und selbsttätige Persönlichkeiten. Das Handeln wird bei solcher Unterordnung der Persönlichkeit einen überwiegend passiven Charakter annehmen; so wurde den Modernisten die Hochschätzung der aktiven Tugenden geradezu zum Vorwurf gemacht. Das Organisationsstreben des Mittelalters ergriff auch die Kultur, namentlich die Scholastik hat jenes zu philosophischem Ausdruck gebracht. Die Strenge der älteren Denkweise mit ihrer ausschließlichen Konzentration des Lebens auf die Religion und ihrer Zurückstellung aller Mannigfaltigkeit wird hier gemildert, auch die anderen Lebensgebiete erhalten ein Recht, sie werden in der Weise aufgenommen, wie die griechische Lebensordnung, vornehmlich Aristoteles, sie gestaltet hatte; so sollen sich hier das künstlerische und das religiöse Einheitsstreben in einem umfassenden Ganzen verbinden und ausgleichen. Die Idee der Abstufung scheint das zu gestatten, indem sie die Leitung des Ganzen der Religion zuweist, den übrigen Gebieten aber im Bereich der allgemeinen Vernunft und des weltlichen Lebens eine gewisse Selbständigkeit gewährt. Mit solcher Umspannung aller Interessen wird sicherlich eine große und bleibende Aufgabe gestellt, aber die hier gebotene Lösung ist viel zu äußerlich, um über das Mittelalter hinaus genügen zu können. Nicht nur erlangen bei solcher Unterordnung die anderen Gebiete keine volle Selbständigkeit und zugleich auch keine volle Ursprünglichkeit des Schaffens, es fehlt dem Geistesleben auch eine innere Einheit, da die Religion mit ihrer Erhebung über die Welt und eine weltfreudige Kultur mit ihrer Durchbildung der Welt nach gerade entgegengesetzter Richtung ziehen, so daß nur eine äußerliche Fassung der Aufgabe sie unmittelbar zusammenfügen konnte.

Das Ganze dieser Lösung des Einheitsproblems, dessen Wirkung auf die Menschheit jedoch durch die Mystik als einen Neben- und Unterstrom wohltuend ergänzt und gemildert wird, ist ein großartiges, in seiner Weise einzigartiges Unternehmen, aber es hat eine Voraussetzung, die nicht unbestreitbar ist: es verlangt entweder eine greisenhafte oder eine geistig noch unreife Menschheit, einer mündigen und kraftbewußten kann sie nicht genügen. Zu einer solchen Mündigkeit strebt aber die Menschheit seit dem Beginn der Neuzeit auf; das eben ist es, was eine neue Epoche herbeiführt. Ein wachsendes Kraftgefühl verlangt ein selbständiges und ursprüngliches Leben, es kann das nicht, ohne die Individuen zu freiester Betätigung aufzurufen. Damit wurde die Autorität zu einem lastenden Druck, die mittelalterliche Synthese wurde zu eng für die Fülle des aufstrebenden Lebens.

So ward ein Bruch unvermeidlich, und das Leben nahm eine Richtung, die der bis dahin verfolgten direkt widersprach: ging bis dahin die Hauptbewegung von der Vielheit zu einer Einheit, so richtet sie sich nun auf die Vielheit, auf die Ergreifung und Ausbildung aller besonderen Art; Befreiung von aller Bindung, volle Emanzipation, das wird nun zum leitenden Ziel und zur Hauptforderung. Die Meinung war dabei anfänglich keineswegs, alle überkommenen Zusammenhänge abzuschütteln und das Individuum ganz auf das eigene Vermögen zu stellen, vielmehr sollte zunächst das Ganze nur an der einzelnen Stelle unmittelbarer erfaßt, kräftiger belebt, eigentümlicher gestaltet werden; allmählich aber verblaßten jene Zusammenhänge, und das Individuum warf mehr und mehr alle Bindung von sich; so konnte auch ein Zusammenschluß des Lebens nur von ihm aus entstehen und mußte von seiner Freiheit unablässig getragen werden. Was daraus an Verwicklungen erwuchs, das wird uns gleich beschäftigen. Der alten, eingewurzelten und in der Überzeugung der Menschheit geheiligten Denkweise mochte dies Freiheitsstreben als ein bloßer Widerspruch, als ein Abfall und Übermut erscheinen, solche Vorwürfe sind noch heute nicht verstummt. Daß jenes Streben in Wahrheit mehr war, daß es eine geistige Förderung enthielt und vertrat, das erweist die unermeßliche Bereicherung und Weiterbildung des Lebens, die aus ihm hervorging, die unermeßliche Fülle von Tatsächlichkeit, die sich in ihm erschloß. Wäre die kräftigere Entfaltung des Individuums nur Verneinung und Widerspruch, so hätte die Durchsetzung der Individualität nicht so viel Leben und Schaffen erzeugen können, wie sie erzeugt hat. Daß die Wandlung über alle Meinung des bloßen Menschen hinaus in das

Grundgewebe des Lebens zurückgreift, das zeigt auch die Veränderung der Innerlichkeit gegenüber dem Mittelalter. An Innerlichkeit gebrach es diesem keineswegs. Aber es war ein Innenleben mehr weicher und passiver Art, der Mensch fühlte sich von der Welt abgelöst im stillen Weben und Schweben des Gemüts; die Neuzeit dagegen entwickelt eine Innerlichkeit tätiger Art, die unermeßliche Kraft erzeugen, die Welt unterwerfen und sie den eigenen Forderungen anpassen will, die an erster Stelle ein klares und scharfes Denken fordert. Was immer das an Problemen enthalten mag, es kann nicht die Wahrheit verdunkeln, die in jener Bewegung emporstieg, die Wahrheit nämlich, daß das Leben an erster Stelle eine volle Ursprünglichkeit und Selbständigkeit verlangt; zu solcher aber gehört notwendig auch die Anerkennung der Besonderheit jeder einzelnen Stelle, der Individualität. Wo solche Bewegungen aufsteigen und vordringen, da muß das Leben sich wesentlich anders gestalten.

Für das gute Recht der neuen Bewegung spricht auch dieses, daß die großen Kulturvölker eine eigentümliche Art in sie eingesetzt und diese durch ihren Verlauf schärfer ausgeprägt haben; nichts unterscheidet sie mehr als die besondere Richtung, in der sie die Befreiung der Menschheit suchen und fordern. In der Kunst und in der Gesamtstimmung des Lebens stehen dabei die Italiener, die ersten modernen Menschen, voran; die Franzosen setzen das fort und führen es weiter in die Verzweigung des Daseins hinein, ihre leitenden Geister geben dem Individuum eine trotzige Selbständigkeit und befreien es von dem Wust und dem Schutt der Vergangenheit; die Engländer bauen in praktischem Zuge das politische und auch das wirtschaftliche Leben vom Individuum auf;

die Deutschen verfechten die Freiheitsbewegung auf religiösem Gebiet und senken sie am tiefsten in das Innere der Seele ein, auf der Höhe ihrer klassischen Literatur entwickeln sie schließlich die Idee der weltumspannenden, in sich selbst gegründeten, eigenen Gesetzen folgenden Persönlichkeit, eine Idee, an die alles anknüpfen muß, was den Gegensatz von Einheit und Vielheit, von Ordnung und Freiheit überwinden möchte.

Auch darin zeigt das neue Leben seine Überlegenheit gegen alles individuelle Belieben, sowie seine geistige Produktivität, daß es alle Verhältnisse und Gebiete eigentümlich gestaltet und dabei das Bild der Welt wie das Dasein des Menschen verändert. War die alte Wissenschaft vornehmlich ein Zusammenschauen der Vielheit in ein großes Gesamtgefüge, so will die neue den anfänglichen Gesamteindruck zerlegen, zu kleinsten Elementen und kleinsten Kräften vordringen, ihre Gesetze ermitteln und an ihrer Hand den Befund der Welt wieder aufbauen. Solche Auflösung in einzelne Fäden ergibt nicht nur eine klarere Durchleuchtung der Wirklichkeit, sie gewährt dem Menschen auch eine unvergleichlich größere Macht über die Dinge; ohne das Auseinanderlegen der neueren Forschung wäre nun und nimmer die moderne Technik entstanden. Damit wird das Bild der Welt über alle Grenzen hinaus zerlegt, die überkommene Stetigkeit weicht einer gründlichen Scheidung, überall erscheinen Abstände und Gegensätze. Im besondern ist es Leibniz, der diesen Zug der modernen Forschung aufnimmt und ihn über alle Erfahrung hinaus ins Metaphysische hebt, jener aber damit hohe Aufgaben stellt; der unbegrenzten Kleinheit der Dinge entspricht ihre durchgängige Verschiedenheit; nirgends wiederholt sich die Natur, nirgends erzeugt sie gleiche Fälle. Wie aber die moderne Wissenschaft das Bild der Wirklichkeit verfeinert und die bewegende Kraft in die Elemente verlegt, so zeigt auch ihr eigner Aufbau eine durchgehende Differenzierung. Das scholastische System, das die aristotelische Metaphysik den ganzen Umkreis beherrschen ließ, wird zersprengt, die einzelnen Wissenschaften nehmen ihre Aufgabe selbständig auf und liefern eigentümliche Durchblicke der Welt, sie schmiegen sich zugleich immer enger den Dingen an und wollen ihren Tatbestand restlos erschöpfen. Nicht nur die einzelnen wissenschaftlichen Disziplinen, auch die ganzen Lebensgebiete treten weiter auseinander und entwinden sich zugleich der Herrschaft der Religion und der Kirche. Recht und Moral, Kunst und Wissenschaft werden selbständige Lebenskreise, die den Menschen mit eigentümlichen Wahrheiten umfangen und ihm eigentümliche Aufgaben stellen. Das macht das Leben unvergleichlich weiter, bewegter und reicher, aber es nimmt ihm unwiederbringlich die alte Ruhe und Geschlossenheit.

Wie auch das menschliche Zusammensein eine völlig andere Gestalt gewinnt, indem zum vornehmlichsten Träger der Arbeit das Individuum wird, wie dadurch das politische und das wirtschaftliche Leben in neue Bahnen getrieben wird, wie die Individualisierung des Daseins sich bis in den geselligen Verkehr und in die Sitten des Alltags hineinerstreckt, das ist viel zu oft geschildert, um uns weiter beschäftigen zu müssen. Durchgängig gibt hier der Arbeit das ihren Hauptreiz und ihre Hauptanziehungskraft, daß sie die individuelle Art verkörpert und siegreich durchsetzt.

Mit dem allen erfolgt eine völlige Wendung von dem überlieferten Ordnungssystem zu einem System der Freiheit, auch der alte Begriff der Vernunft erhält nunmehr einen neuen Sinn. Aristoteles hatte den Unterschied des Menschen vom Tiere darin gesetzt, daß dieses an einzelne Eindrücke und einzelne Anregungen gebunden bleibe, der Mensch aber kraft seines Denkens allgemeine Größen bilden und sein Handeln dadurch bestimmen lassen könne; die neuere Denkweise dagegen betrachtet als den Hauptvorzug der höheren Stufe den Gewinn einer Selbständigkeit des Denkens und die Fähigkeit eigner Entscheidung, während die Natur streng gebunden ist. Die Vernunft, die uns über die bloße Natur hinaushebt, empfängt ihre Richtung nicht von außen her, sie vermag selbst ihren Weg zu wählen. Damit wird die Freiheit zum unterscheidenden Kennzeichen des Menschen, er ist »der erste Freigelassene der Schöpfung« (Herder). Wohl gehen die Fassungen der Freiheit weit auseinander, und es vermischt sich dabei oft eine höhere und eine niedere Art, die Freiheit eines Locke ist eine andere als die eines Kant. Aber es erscheint die Freiheit überall, wo sie den leitenden Wertbegriff bildet, als der Erweis einer überlegenen Vernunft, die dem Menschen innewohnt. Auch braucht sie keineswegs die Forderung an das Handeln zu mindern, sie kann sie steigern, wenn im Innern der Seele eine unsichtbare Welt mit aufrüttelnder und zwingender Kraft gegenwärtig ist. So hat die Reformation die Wucht der moralischen Aufgabe gewaltig verstärkt, indem sie das Hauptproblem der Religion unmittelbar auf die Seele des Einzelnen legte und sie selbst zur Umwandlung aufrief. So hat Kant durch seine Vertiefung der Pflichtidee das ganze Leben unter eine innere Bindung gestellt und es dadurch nicht leichter, sondern schwerer, zugleich aber selbständiger gemacht. Die von diesen Männern vertretene Freiheit hatte nicht das mindeste zu tun mit Willkür und Zuchtlosigkeit.

Das Ganze dieser Bewegung hat auch der Philosophie eine neue Gestalt und neue Ziele gegeben. Von dieser Welt der Freiheit gilt es, sich eine Bahn durch den Zweifel zu bahnen und eine kritische Denkweise auszubilden; eine solche ist nicht erst durch Kant erzeugt, sondern sie durchdringt die ganze neuere Philosophie. Es ist Descartes, in dem dieser gemeinsame Charakter zuerst mit voller Klarheit erscheint. Ein stärkeres Wahrheitsverlangen läßt ihn den vorgefundenen Stand des Wissens als durchaus unzulänglich, läßt diesen im besondern als unerträglich verworren empfinden. Das erzeugt zunächst einen radikalen Zweifel, aber inmitten seiner bleibt das Streben unverwandt auf den Gewinn eines festen, eines archimedischen Punktes gerichtet, es findet ihn schließlich im denkenden Subjekt, im bewußten Ich. Damit verändert sich die Hauptrichtung der Arbeit. Bisher ging sie von der Welt zum Menschen, vom Makrokosmos zum Mikrokosmos; erst nachdem eine Wahrheit in der großen Welt ergriffen war, ward sie der kleinen zugeführt. Nun tritt der Mikrokosmos voran, die Bewegung geht vom Menschen zur Welt, aus einem Datum wird diese zu einem Problem, sie findet ihre Wahrheit nur, indem sie durch wissenschaftliche Analyse zunächst auseinandergenommen, dann aber nach den Gesetzen unseres Denkens wiederaufgebaut wird. Als wahr läßt sich nunmehr nur anerkennen, was unserem Denken als klar und deutlich dargetan ist.

Dabei scheiden sich deutlich niedere und höhere Stufen. Die greifbarste Fassung zeigt die englische Denkweise, welche die menschliche Erfahrung als den Träger des Lebens behandelt und das Subjekt nicht sowohl als denkendes und von innen her gestaltendes, sondern als ein empfindendes und an die Umgebung gebundenes Wesen versteht. Diese Wendung läßt die englischen Denker die Psychologie alle Erkenntnis begründen; den Aufbau des Einzellebens zu verfolgen und die in ihm waltenden Gesetze und Richtungen zu ermitteln, das wird zum Kern aller Erkenntnisarbeit, das entscheidet über den Inhalt wie den Umfang alles Wissens. Was immer das menschliche Dasein an geistiger Leistung, an Moral und Recht, an Religion und Kunst enthält, das wird hier von der Seele des Einzelnen her entwickelt und damit eigentümlich gestaltet. Was sonst als ein Weltgeschehen galt, zum Beispiel die kausale Verkettung der Vorgänge, das wird nun zu einem Erlebnis und Erzeugnis des bloßen Menschen und verwandelt damit seinen Sinn. Damit fällt alle Metaphysik als ein unzugängliches Reich. Wo demgegenüber ein selbständiges Leben und eine von innen her bauende Philosophie entsteht, da bildet den Träger nicht der bloße Mensch, sondern eine Lebensentwicklung, eine selbständige Kraftentfaltung. Hierher gehört Descartes' Begründung der Wahrheit auf die »eingeborenen Ideen«. Gleichzeitig entwirft Leibniz ein großartiges Weltbild, worin das Einzelwesen als Monade, als »metaphysischer Punkt«, eine Unendlichkeit des Lebens gewinnt und dies Leben lediglich aus sich selber ohne alle Beziehung und Bindung nach außen führt; indem es damit sich selbst zu einer Welt gestaltet, verwandelt sich die Wirklichkeit in eine Welt von Welten. Zugleich gestattet die volle Anerkennung der Individualität, jeder dieser Einzelwelten eine einzigartige Bedeutung zuzuerkennen. Auch Kant setzt solche Bewegung des modernen Lebens fort, seine ganze Philosophie vollzieht eine Verlegung des Schwerpunkts vom Objekt ins Subjekt; die theoretische Vernunft befreit den Menschen vom Druck einer fremden Welt, indem sie das Subjekt nach ihm innewohnenden Gesetzen sich seine Welt gestalten läßt, »der Verstand schöpft nicht seine Gesetze aus der Natur, sondern er schreibt sie dieser vor«; so tritt die Erkenntnislehre vor die Metaphysik und zerstört sie in dem alten Sinne, wonach sie ein jenseitiges Sein glaubte erfassen zu können; das Denken wird aus einem Welterkennen ein Sichselbsterkennen, das aus eigenem Vermögen eine Welt aufbaut. Die praktische Vernunft befreit das handelnde Wesen von aller äußeren Bindung und läßt es sich selbst seine Gesetze geben, damit aber an den letzten Tiefen der Wirklichkeit teilnehmen. Die Persönlichkeit wird hier zum Träger einer höheren Welt; nirgends ist klarer als hier, daß die Freiheit wohl alte Bindungen zerstört, dafür aber neue einführt, daß sie ein wesenhafteres und ursprünglicheres Leben freilegt. – So zeigt die neue Philosophie eine große Mannigfaltigkeit der Leistungen, die im nächsten Befunde einander oft widersprechen. Aber wir brauchen alles nur mit der älteren Art zu vergleichen, um zu gewahren, daß die Verschiedenheit eine gemeinsame Grundlage hat, und daß sie nicht ein wirres Auseinandergehen, sondern ein Kampf um die Ausführung einer gemeinsamen Grundrichtung ist. So ist hier der enge Zusammenhang der Gestaltung der Philosophie mit einer Gesamtbewegung des Lebens in voller Klarheit ersichtlich.

Wer einer solchen Bewegung mit ihrer gründlichen Umwandlung der Wirklichkeit glaubt allen Wahrheitsgehalt versagen und sie zu einem Gewebe bloßmenschlichen Eigendünkels herabsetzen zu können, der muß recht niedrig von den Kräften denken, welche die Weltgeschichte bewegen. Aber einer weltgeschichtlichen Bewegung einen Wahrheitsgehalt zuerkennen, das heißt noch nicht, sie allen Gefahren und Irrungen überlegen halten; auch hier mögen aus dem Verhältnis des Menschen zum schaffenden Leben schwere Verwicklungen erwachsen, denn was auf der Höhe des Lebens ein unbestreitbares Recht hat, das mag der bloße Mensch in seinen Vorstellungskreis ziehen und es seinen Zwecken unterwerfen; er mag für sich wie er leibt und lebt in Anspruch nehmen, was ihm nur als einem Geisteswesen zukommt, er mag glauben, aus eigenem Vermögen leisten zu können, was ihm nur weitere Zusammenhänge gestatten; das muß viel Irrung und Hemmung erzeugen. So mögen auch beim modernen Leben die Zweifel schließlich sich so verstärken, daß sie seine Grundlagen erschüttern und neue Wendungen fordern.

Wie das moderne Lebenssystem in vollem Gegensatz zum mittelalterlichen entstanden ist, so widerstreitet es ihm auch in der Schätzung des Menschen und im durchgehenden Lebensgefühle. Jenes System setzt, wie wir sahen, die geistige Unmündigkeit des Menschen voraus, dies dagegen erklärt ihn für vollauf mündig. Dort erscheint der Mensch als von geringer geistiger Regung und als nur durch Hilfen und Stützen zu einer gewissen Teilnahme am Geistesleben gebracht, die moderne Art setzt dagegen geistig kräftige und auf hohe Ziele gerichtete Menschen voraus, sonst könnte sie nun und nimmer die Individuen zu tragenden Pfeilern des geistigen Lebens machen. Nun aber entsteht die Frage, ob die Erfahrung dieses Bild bestätigt, ob nicht die Wirklichkeit des Lebens weit dahinter zurückbleibt, und ob nicht damit all die Verwicklungen eintreten, die eben angedeutet wurden. Solche Verwicklungen mögen so lange schlummern, als die alten Zusammenhänge des Lebens, die Welt der Religionen oder die einer universalen Vernunft im Sinne der Aufklärung, noch mit frischer Kraft gegenwärtig sind und den Individuen eine gemeinsame Richtung weisen; je mehr sie aber verblassen, und je mehr der Mensch allein auf sich selbst gestellt wird, desto mehr droht ein Sinken und schließlich eine völlige Auflösung.

Am greifbarsten ist das Problem bei der Frage, wie auf dem neuen Boden ein Zusammenhang des Lebens entstehen soll. Je mehr alle Beherrschung der Mannigfaltigkeit durch ein überlegenes Ganzes aufgegeben wird, desto mehr muß jenes aus dem eigenen Vermögen der einzelnen Elemente geschehen, durch freie Assoziation; die Erfahrung zeigt aber, daß die Verbindung sich nicht so leicht macht, daß sie wohl die einzelnen Elemente verketten, nicht aber sie zu einem Ganzen der Gesinnung und des Schaffens zusammenführen kann. Das zeigt sich in aller Verzweigung des geistigen Lebens, zunächst bei der Wissenschaft selbst. Wir sahen, wie die Auflösung des mittelalterlichen Gefüges ihre einzelnen Zweige selbständig machte, sie zu eignen Ausgangspunkten der Forschung erhob und den Tatbestand des Alls in unvergleichlich größerer Fülle und Feinheit erschloß. Zunächst erhielt sich dabei von früheren religiösen und philosophischen Zusammenhängen her noch eine Gegenwirkung zur Einheit, nach ihrem Sinken aber folgten die einzelnen Wissenschaften nur ihren eigenen Zielen, die bald besondere Wege verfolgten. Es entwickelt sich daraus ein Spezialismus, der gar nichts anderes sieht, als was in der Richtung seines eigenen Zieles liegt, und der bei aller Fülle der Kenntnisse zu keiner inneren Durchdringung des Stoffes gelangt. Zugleich geraten die Bewegungen leicht unter den Einfluß besonderer Gebiete und damit in einen schroffen Gegensatz zueinander. So entwickeln oft Natur- und Geisteswissenschaften grundverschiedene Methoden und Schätzungen, und auch innerhalb eines jeden der großen Gebiete gehen oft die Bewegungen weit auseinander. Gefährlicher noch ist die Spaltung im Leben, die gegenseitige Verfeindung ganzer Lebensgebiete. Religion und Kultur als Gegner zu betrachten, haben wir uns schon so sehr gewöhnt, daß wir kaum noch empfinden, wie unnormal dieses gespannte Verhältnis ist, und wie fern es anderen Zeiten lag. Ferner besteht heute zwischen den Überzeugungen von der Welt und denen von den Zielen des Lebens im Durchschnitt der Kultur ein vielfach versteckter, in Wahrheit sehr schroffer Gegensatz. Dort die Anerkennung einer ausschließlich mechanischen Kausalität, hier die Verfechtung moralischer Werte und der Freiheitsidee; dieselben Individuen und Parteien, welche in der Weltanschauung jede Verneinung mit Jubel begrüßen und den Menschen so niedrig wie möglich einschätzen, feiern auf politischem und sozialem Gebiet die Größe und Würde des Menschen, als hinge beides gar nicht zusammen. So leben wir heute nicht nur nebeneinander in getrennten Welten, deren weites Auseinandergehen nur die Sprache verdeckt, sondern ein und derselbe Mensch lebt in verschiedenen Welten. Wie kann eine solche geistige Anarchie gemeinsame Ideale erzeugen und die Gemüter beherrschen?

Nicht minder schwere Fragen stellt das Verhältnis von Individuum und Gesellschaft. Indem die Freiheitsbewegung der Neuzeit das Leben vornehmlich auf die Individuen stellte, setzte sie bei ihnen volle Tüchtigkeit und den besten Willen voraus, auch vertraute sie darauf, daß die freie Assoziation der Individuen, sowie die gegenseitige Berührung und

Verflechtung der einzelnen Kreise im gesellschaftlichen Zusammensein eine genügende Verbindung der Menschheit hervorbringen werde. Sicherlich ist hier vieles erreicht, was frühere Zeiten nicht hatten, aber es hat die Befreiung der Kräfte auch ungeheure Gegensätze und Leidenschaften erzeugt, dem Parteiwesen eine unheimliche Macht gegeben, sie hat oft zur schrankenlosen Entfesselung von wilder Selbstsucht gewirkt und alle Mittel in ihren Dienst gestellt, die eine hochentwickelte Kultur zur Verfügung gibt.

Das aber führt auf den entscheidenden Punkt, wie der Mensch sich in seinem eignen Wesen auf dem neuen Boden darstellt. Wo immer die Höhe der modernen Arbeit Größen wie Persönlichkeit und Individualität zur vollen Anerkennung brachte, da geschah es unter Festhaltung und Verstärkung von unsichtbaren Zusammenhängen, bei Behauptung einer Innenwelt. Denn nur das rechtfertigt die Hochhaltung der Persönlichkeit, daß sich in ihr eine neue Art des Geschehens, ja eine neue Welt eröffnet, und nur das konnte die Ausbildung der Individualität zum Hauptziel des Strebens machen, daß das Menschenwesen große Aufgaben, wohl auch Widersprüche enthält, deren Überwindung allererst die Höhe der eignen Natur erreichen läßt; daß der Mensch zum Ganzen der Wirklichkeit ein Verhältnis zu suchen, sich mit ihm auseinanderzusetzen, sich ihm gegenüber zu behaupten hatte, das war es, was seinem Leben eine Größe und eine innere Selbständigkeit gab. Dem Hauptstrom der Menschheit sind nun jene inneren Zusammenhänge mehr und mehr verschwunden, und zugleich ist der Mensch ein bloßes Stück einer gegebenen und innerlich geschlossenen Welt geworden, die ihn von allen Seiten umklammert und einengt. Für einen Begriff der Persönlichkeit gibt es dort kaum einen Platz, und man sieht nicht, wie die Individualität als bloße Naturbegabung einen hohen Wert zu behaupten vermöchte. Erhalten die Begriffe sich dennoch, fordern und finden sie die alte Schätzung, so ist ein Aufwuchern nichtiger Phrasen und eine innere Unwahrhaftigkeit des Lebens nicht zu verhüten. Immer mehr droht unser Leben eine feste Grundlage zu verlieren und schließlich in leerer Luft zu schweben. Nicht einmal bei sich selbst vermag bei solcher Wendung die menschliche Seele eine Einheit zu bleiben, vielmehr muß sie sich in ein Neben- und Durcheinander einzelner Vorgänge verwandeln; diese aber werden beim Fehlen aller Umbildung aus einer überlegenen Einheit immer mehr eine sinnlich gebundene Art annehmen, der Mensch wird schließlich ein bloßes Bündel sinnlicher Erregungen, Empfindungen, Antriebe. Zugleich aber wird das überlegene Recht der Persönlichkeit und die Würde und Größe der Menschheit verkündet und ausposaunt!

So zeigt die Erfahrung das bloße Freiheitsstreben nicht imstande, dem Leben einen geistigen Charakter zu wahren; die Auflösung aller inneren Zusammenhänge hat zur Zerstreuung und Verflachung geführt. Dazu hat der Verlauf der Bewegung im menschlichen Dasein weit größere Verwicklungen und weit härtere Widerstände aufgedeckt, als ihr Beginn annahm; auch das ist klar geworden, daß es sich nicht nur um ein Zurückbleiben der einzelnen Punkte handelt, sondern daß der Gesamtstand der Kultur den Forderungen des schaffenden Lebens nicht nur nicht entspricht, sondern ihnen vielfach widerspricht. Immer peinlicher empfinden wir den weiten Abstand zwischen dem Reichtum und der Größe der Arbeit am Umkreis des Lebens und der völligen Leere im Mittelpunkt; im inneren Bestände des Lebens finden wir ein Überwiegen eines bloßen Menschengetriebes, einen Kampf, ein Sichaufbauschen und Sichemporheben des einen über den anderen, Ehrgeiz und Eitelkeit der Individuen ohne Maß, ein hastiges Jagen und Vorwärtsdrängen, ein fieberhaftes Anspannen aller Kräfte, aber in dem allen keinen Wesensgehalt und keine innere Erhöhung, daher auch keinen Sinn und Wert des Lebens, schließlich einen einzigen großen Schein, ein Sinken der Kultur zur Kulturkomödie. Wer das Ganze überdenkt und den Abstand zwischen der unsäglichen Arbeit und dem Ertrage für den Kern des Lebens erwägt, der kann leicht einer völligen Verneinung und Verzweiflung verfallen.

Aber, hören wir einwenden, ist das Streben nach mehr Zusammenhang nicht schon lange im Gange, ist nicht das ganze 19. Jahrhundert voll dieses Strebens? Gewiß ist es das, aber wir würden uns heute nicht in solcher Unruhe und Unsicherheit befinden, wenn die versuchten Zusammenfügungen ausgereicht hätten. Die Philosophie selbst unternahm in der deutschen Spekulation mit kühnem Zuge, die ganze Wirklichkeit als die Entfaltung eines allumfassenden geistigen Prozesses zu verstehen, namentlich Hegel machte alle Philosophie zum Suchen der Einheit und gab zugleich dem ganzen Dasein eine gleichartige Gestaltung. Aber so gewaltige Wirkungen dies Unternehmen ausgeübt hat und noch immer ausübt, zum Standort gemeinsamer Arbeit ist es nicht geworden, nicht nur weil inzwischen die bekannte Wendung des Lebens zur sichtbaren Welt erfolgte, sondern auch weil der Mensch dabei zu sehr als ein bloß intellektuelles Wesen behandelt und dem Leben kein genügender Inhalt gegeben wurde. Auf breiterer Grundlage übte eine Gegenwirkung gegen die drohende Zerstreuung die geschichtlich-gesellschaftliche Denkweise, die das 19. Jahrhundert energisch durchgeführt hat. Sie verficht die Verkettung des Einzelnen mit dem Nacheinander und dem Nebeneinander, sie zeigt, wie im Stand der Gegenwart die lange Arbeit der Geschlechter fortwirkt, wie ferner das Zusammensein der Menschen einen geistigen Lebensraum, ein »Milieu« herstellt, das mit überlegener Macht jeden Einzelnen umfängt und bildet. Aber wenn er hier als bloßes Glied eines weitverzweigten Gewebes erscheint, so entsteht die Frage, ob er zu diesem Gewebe ein inneres Verhältnis gewinnt und es als ein Ganzes in seine Gesinnung nimmt, oder ob er nur einer blinden Tatsache folgt. Ersterenfalls entsteht die Frage, wie die Geschichte und die Gesellschaft einen inneren Zusammenhang erlangen sollen, ohne eine selbständige Innenwelt vorauszusetzen. Müßten wir uns aber mit der bloßen Tatsache der Abhängigkeit begnügen, so ist nicht zu ersehen, weshalb der Mensch diese oft recht drückende Abhängigkeit als ein hohes Gut begrüßen, sie in seine Gesinnung aufnehmen und sein eignes Wohl dem bloßen Nebeneinander und Nacheinander aufopfern sollte. So bleibt die Sache in Unklarheit, und nur das ständige Durcheinanderlaufen beider Fassungen, wie es zum Beispiel beim Führer des Positivismus, bei Comte, sich findet, kann einigermaßen verdecken, daß auf diesem Wege das Ziel nicht erreichbar ist.

Zunächst hat namentlich die Arbeit die moderne Menschheit zusammengehalten, die Arbeit im modernen Sinne. Dieser ist gegenüber anderen Zeiten eigentümlich eine weite Ablösung vom Stande des Einzelnen und ein Selbständigwerden großer Zusammenhänge, welche eigne Gesetze und Triebkräfte entwickeln, damit aber die Leistungen der Individuen verbinden und verketten. Alles Gelingen des Strebens des Einzelnen hängt hier daran, daß er in diese Zusammenhänge eintritt und an der besonderen, ihm zugewiesenen Stelle wirkt. Es erscheint darin eine gewaltige Macht, den Eigensinn der Individuen zu brechen und dem Handeln eine gemeinsame Richtung zu geben. Aber ein derartiger Zusammenschluß der Arbeit verbindet die Menschen nur an der Leistung, nicht im Innersten der Seele; wo immer Gesinnung und Überzeugung in Frage kommen, da kann alle Verkettung und Verflechtung der Arbeit ein weites Auseinandergehen, eine starke Selbstsucht, eine innere Vereinsamung des Einzelnen nicht verhindern; ja die ausschließliche Herrschaft der Arbeit kann schließlich das Leben mit einer furchtbaren Mechanisierung bedrohen. Das Verlangen nach mehr Seele und mehr Liebe im menschlichen Dasein bleibt hier unbefriedigt.

Am meisten wirkte für den Zusammenhang der Menschen in der Gegenwart und über die Gegenwart hinaus der Staat; er tat es zunächst durch die Erweckung einer regeren Teilnahme der Einzelnen am politischen Leben, er tat es weiter durch die enge Verbindung der Ideen der Nation und des Staates, er tut es am meisten durch die Entwicklung der sozialen Idee, die durchgängig das Streben zur Gesellschaft verstärkt, dann aber durch die Ausbildung eines geschlossenen Systems des Sozialismus gewaltig gewirkt hat. Mehr als in allen anderen Lebensordnungen hat hier der Gedanke des organisierten Ganzen eine überlegene Macht gewonnen. Mit dieser Bewegung verbindet sich oft die Hoffnung, ja der feste Glaube, daß sich auf diesem Wege auch eine innere Verbindung der Menschheit bilden werde, manche idealgesinnte Sozialisten erwarten von einer wachsenden Sozialisierung eine volle Befriedigung des Strebens nach Einheit und Liebe. Aber sie werden sich überzeugen müssen, daß bei diesen Aufgaben das entscheidende Werk ein Bauen von innen verlangt, und daß die Grundtriebe des Menschen wohl eine äußere Gestalt annehmen mögen, nicht aber eine Umwandlung des inneren Bestandes vollziehen werden. So greift durchgängig auf modernem Boden die Bewegung nach irgendwelchem Zusammenhange nicht genügend in das Innere zurück, es bleibt hier eine große Lücke.

Solche Lage läßt wohl verstehen, wie die ältere Art, im besonderen das mittelalterliche Kirchensystem, sich wieder kräftiger regen, wie es die Verwicklung des modernen Lebens zur Empfehlung der eignen Wahrheit benutzen und manche schwankende Gemüter für sich gewinnen kann. Daß es inmitten fortschreitender Auflösung einen festen Zusammenhang bietet und einen gewissen Halt gewährt, das gibt ihm in der Tat eine nicht geringe Macht. Aber was die Menschen zeitweilig zu gewinnen vermag, das wird damit noch nicht zu einer schaffenden Macht, auch eine Wiederaufnahme könnte dem Alten die alte Überzeugungskraft nicht wiedergeben. Denn diese beruhte zum größten Teile darauf, daß was dort an überlegenem Leben geboten wurde, ganz und gar der Höhe der weltgeschichtlichen Bewegung entsprach; inzwischen sind Wandlungen eingreifendster Art erfolgt; wohl mag man künstlich versuchen, sie zurückzuschrauben oder umzudeuten, aber nun und nimmer können diese Versuche die Unmittelbarkeit und die innere Notwendigkeit erlangen, die der mittelalterlichen Leistung zu ihrer eignen Zeit innewohnten, und die sie zu einer großen weltgeschichtlichen Leistung erhoben.

Der Überblick über die geschichtliche Bewegung des Lebens zeigte folgendes Ergebnis. Zwei Hauptströmungen traten uns entgegen: Die ältere Art stellte den Gedanken des Ganzen mit seiner Einheit voran, die künstlerische wie die religiöse Ordnung waren bei aller sonstigen Verschiedenheit darin einig, die Welt als fertig und geschlossen zu betrachten und zu behandeln, so wurde die Anschauung und die Aneignung des Kosmos zum höchsten Ziele des Strebens. Die künstlerische Denkweise gab den einzelnen Elementen innerhalb des Ganzen, aber nur innerhalb seiner, einen eigentümlichen Wert, die religiöse neigte dahin, alle Mannigfaltigkeit der Einheit unbedingt unterzuordnen, ja sie ganz und gar in sie verschwinden zu lassen. In der christlichen Lebensordnung durchkreuzten sich entgegengesetzte Bewegungen, in der Gestaltung der Verhältnisse behielt der Ordnungsgedanke die Oberhand. Das moderne Leben folgte dagegen der Hauptrichtung zur Mannigfaltigkeit, Selbständigkeit und Freiheit; es ergab sich daraus ein völlig neues Lebenssystem und eine neue Denkweise, die sich in alle Verzweigungen hineingrub. Es entsprang daraus ein unermeßlicher Gewinn an Kraft und Reichtum des Lebens, aber es ergaben sich zugleich große Verwicklungen. Die einzelnen Lebenspunkte drohten sich allem Zusammenhang zu entwinden, sich damit aber einerseits regellos zu zerstreuen, andererseits feindlich zusammenzustoßen. Gegen derartige Gefahren wurden verschiedene Hilfen aufgeboten, es wurden sowohl durchgehende Gesetze des Geschehens ermittelt, als ein festerer Halt in der menschlichen Gemeinschaft gesucht, und es wurde dabei manches Wertvolle gefunden, manche Förderung und Anregung gewonnen. Aber das Einheitsstreben blieb den widerstreitenden Bewegungen nicht gewachsen, es fehlt dem Leben der Gegenwart eine allumfassende Einheit, welche die verschiedenen Bewegungen umfaßt und miteinander ausgleicht, es fehlt uns eine derartige Einheit, welche den einzelnen Punkten oder Zusammenhängen überlegen ist, aber zugleich jenen eine volle Unmittelbarkeit und Ursprünglichkeit zu gewähren vermag. So befindet sich das Leben jetzt unter dem Gegensatz einer Einheit, welche die Freiheit erdrückt, und einer Vielheit, welche alle Zusammenhänge auflöst. Dieser Widerspruch ist nur zu lösen durch eine wesentliche Vertiefung der Wirklichkeit; diese Vertiefung ist nur erreichbar von der Überzeugung aus, daß das All eine Welt von Welten bildet, deren jede das Gesamtleben teilt, dabei aber eine selbständige und eine eigentümliche Art besitzt. Wir bedürfen nicht nur einzelner freier Punkte, sondern auch eines Reiches der Freiheit; die Freiheit ist dann nicht eine bloßformale, sondern eine inhaltlich erfüllte Größe, ein Reich des Beisichselbstseins und des Sichselbstschaffens. Sind wir nicht von innen her in der Unendlichkeit des Ganzen letzthin begründet, so muß uns aller Zusammenhalt des Lebens von draußen zugeführt werden, er wird dann unvermeidlich alle Selbständigkeit unterdrücken; das aber wird einen Rückschlag zur Befreiung der einzelnen Elemente, ein Verlangen nach Auflösung jenes Zusammenhanges früher oder später erzeugen. Die Menschheit würde demnach zwischen einer bloßen Unterwerfung unter die Autorität und einer geistigen Anarchie der einzelnen Elemente unrettbar hin und her geworfen und durch ihren Kampf zerrieben werden, bestünde kein überlegenes Leben aus dem Ganzen, von dem aus sich dem Widerspruch entgegenarbeiten läßt.

Der Durchschnittsstand der Menschheit wird schwerlich je über ein Hin- und Herwogen zwischen jenen Gegensätzen hinauskommen; je nachdem einmal das Gefühl der Schwäche und Vereinsamung, dann wieder das der Kraft und der Selbständigkeit überwiegt, wird er sich bald mehr nach dieser, bald nach jener Richtung neigen. Um so mehr aber ist es eine unerläßliche Aufgabe der geistigen Arbeit, ein dem Gegensatz überlegenes Leben zu entwickeln und damit einen festen Standort des Strebens zu gewinnen. Es wird das nicht wohl geschehen können, ohne daß auch ein Zusammenstreben der Menschheit für diesen Zweck gesucht wird. Die mittelalterliche Kirche wurde dafür zu eng, nicht nur weil sie die unsinnliche Welt viel zu fest mit einer sichtbaren Ordnung zusammenflocht, sondern auch weil sie für das schaffende Leben lediglich die Religion einsetzte und damit dem Leben einen einseitig religiösen Charakter gab, das Geistige zu sehr in ein Geistliches verwandelte. Aber nachdem der Grundgedanke einer Verbindung der Kräfte unter der Idee eines selbständigen Lebens auf geschichtlichem Boden einmal Macht gewonnen hat, wird er nicht wieder verschwinden können, er wird die Menschheit erregen und bewegen, bis er zu irgendwelcher Erneuerung gelangt ist. Nur dann wird die Aufgabe angreifbar sein, einen Kern echten Lebens von dem trüben Gemenge des Durchschnitts abzuheben und von ihm aus zur Befestigung und Erhöhung des Lebens zu wirken. Die Voraussetzung bleibt dabei immer, daß ein Ganzes des Lebens im Grunde unseres Wesens wirkt; nur wenn es dieses tut, können Hauptrichtungen des Strebens aus ihm entwickelt, können Wesenswahrheiten herausgearbeitet werden, kann eine innere Gemeinschaft des Wesens angebahnt werden, kann der Widerspruch überwunden werden, dem sonst das Leben erliegt. Dabei darf das überlegene Leben nicht eine bloße Form bilden, es darf nicht ein bloßer Hintergrund sein, auf dem die Vorgänge sich abspielen, sondern das Leben muß ein wesenbildendes sein; die Wirklichkeit ist keine bloße Zusammensetzung blasser Umrisse, sondern ein Tatbestand, eine Tatsächlichkeit, die alle Mannigfaltigkeit umfaßt und auch alle durchgehenden Größen eigentümlich gestaltet. So bedürfen wir eines universalen Positivismus, der reiner Positivismus ist, weil er letzthin aller Ableitung widersteht, der zugleich ein universaler Positivismus ist, weil schließlich eine Gesamttat alle Fülle des Lebens umfassen und durchleuchten muß; zugleich aber ist er ein metaphysischer Positivismus, weil nur eine völlige Umkehrung des gegebenen Daseins jene Wendung zu vollbringen vermag. Eine derartige Tat des Ganzen ist die unerläßliche Voraussetzung der Überwindung des Gegensatzes von Einheit und Vielheit, nur von hier aus kann sich uns eine Welt der Inhalte entfalten und ein charakteristisches Geistesleben erstreben. Dieses charakteristische Leben aber kann sich für uns nur an der Hand der Geschichte und aus ihren Erfahrungen eröffnen.

EWIGKEIT UND ZEIT

Beharren und Anderswerden

Der Mensch untersteht als bloßes Naturwesen zunächst ganz und gar der Zeit und ihrer Veränderung, wie ein regelloser Strom fließt ihm das Leben dahin. Sobald es aber irgendwelche Selbständigkeit gewinnt, möchte es der bloßen Zeit überlegen werden, da empfindet es die Bindung an sie als einen Schaden und Schmerz, und da entwickelt es ein Verlangen nach einem dauerhaften Bestehen, ja nach Ewigkeit, wie Plato es in seinem Gastmahl mit glänzenden Farben geschildert hat. So sucht der Einzelne, da er selbst bald vom Schauplatz abtreten muß, irgendwelche Spuren seines Daseins zu hinterlassen, große Könige errichten Denkmäler ihrer Taten und schreiben ihre Namen in Felswände ein. Über die Individuen hinaus aber verlangt der Aufbau der Kultur ein Anhäufen und Aufspeichern der Leistungen, die Gegenwart muß die Vergangenheit festhalten, um selbst weiter bauen zu können; zur Aufgabe wird, einen Grundstock des Lebens aller Veränderung der Umstände und aller Willkür der Individuen entgegenzuhalten. Als unwandelbar verkündete und als unantastbar verehrte Einrichtungen und Sitten beherrschen namentlich die Anfänge der Kultur, besonders wirkt die Religion durch ihre Verknüpfung des Lebens mit einer heiligen Ordnung zur Fernhaltung aller Wandlung als eines schweren Frevels.

Aber auf dem eignen Boden der Zeit kann der Mensch die Macht der Zeit nicht überwinden, ihr Strom unterwühlt und zerstört auch die gewaltigsten und kunstvollsten Werke, er bringt vom großen Ganzen bis in die kleinsten Elemente hinein alles in Fluß; nicht nur die Individuen, sondern ganze Völker und Kulturen versinken, auch die Religionen, die Hüterinnen ewiger Wahrheit, erliegen der Zeit und werden zur Vergangenheit; alles Verlangen nach Ewigkeit wäre müßig und eitel, wenn unser Leben nicht über das sinnliche Dasein hinaus zu einer neuen Ordnung vordringen könnte, die anders zur Frage der Ewigkeit steht. Ein solches Leben kann sich nur der geistigen Arbeit erschließen, zu dieser aber gehört notwendig auch das Denken und die Philosophie; sie scheint besonders berufen, die Dinge unabhängig vom Wandel zur Zeit unter der Form der Ewigkeit *(sub specie aeternitatis)* zu betrachten.

Die Philosophie der Griechen hat an diese Aufgabe besonderen Eifer gesetzt, sie hat einen energischen Kampf gegen die Flucht der Erscheinungen aufgenommen und dabei einen eigentümlichen Lebenstypus geschaffen. Wohl wird ein Anderswerden der Dinge von ihr in weitem Umfange anerkannt, aber es wird vom Hauptzuge des Denkens zu einer niederen Sphäre herabgesetzt und vom Kern der geistigen Arbeit ferngehalten. Es war nicht bloß das Interesse des Erkennens, das inmitten alles Wandels einen beharrenden Grundstoff oder unveränderliche Elemente suchen hieß, auch das Leben begehrte eines sicheren Haltes, an dem es sich innerlich befestigen könnte; diesen Halt aber glaubte es nicht anders erreichen zu können als in einer Wendung vom unsteten Tun und Treiben des Menschen zum All, dessen Grundbestand als unwandelbar galt; nur im Erfassen und Anschauen seiner Ordnung, der ewigen Zier, schien der Mensch einen merkwürdigen Lebensgehalt, sowie eine Erhebung über die Sorgen und Nöte des Alltags zu finden. Das Wissen erscheint hier als der einzige Weg, das Leben des Menschen ins Ewige zu heben; seine Überlegenheit gegen das Handeln war damit vollauf gesichert. So konnte ein Dichter wie Euripides die Glückseligkeit des Forschers preisen, der das Woher und Wohin der ewigen Natur erkennt, und dem aller Unverstand der Menschen nichts anhaben kann.

Was aber bis dahin ein Verlangen des Einzelnen war, das wird nun durch die Philosophie näher bestimmt und festgelegt; nun gilt es sorgfältig zu ermitteln, was am All als beharrend zu gelten hat. Die Antwort Platos ist dabei am meisten durchgedrungen und hat den tiefsten Einfluß auf die Menschheit geübt. Wenn er in den Begriffen des Denkens das Feste gegenüber der schwankenden Meinung sieht, so bestimmt sich ihm dies Feste näher als die lebendige Gestalt; indem die Gestalten sich zu einem großen Gefüge zusammenschließen, erhebt sich ein Reich von unwandelbarer Wahrheit und Schönheit; dies Reich muß die Welt, die uns umfängt, beherrschen, um seine Selbständigkeit und Reinheit zu wahren, aber es wirkt in sie mit bildender Kraft hinein und gibt ihrem

Streben ein festes Ziel wie einen Zug zur Höhe. Die Führung des ganzen Lebens liegt hier bei der Wissenschaft, da sie allein jene Welt der Ewigkeit zu eröffnen und uns gegenwärtig zu halten vermag. – Aristoteles teilt diese Bewegung, auch er sieht in der Denkarbeit das Beharrende, aber er zieht die Form kräftiger in die Welt hinein, und indem er das Gegenstück des Stoffes klar herausarbeitet, gibt er dem Gesamtbild von Welt und Leben eine noch größere Geschlossenheit. Die so auf der Höhe des griechischen Denkens gewonnene Lösung hat das Ganze des Lebens eigentümlich gestaltet und wirkt damit durch die Jahrtausende fort. Das Weltphänomen der Form ist hier in vollem Umfange anerkannt und in den Mittelpunkt der Arbeit gestellt. Die Welt tritt hier unter die Herrschaft des Gegensatzes von Stoff und Form, diese bildet das schlechthin Unwandelbare, so daß ein Beharrendes suchen nichts anderes als die Formen mit voller Klarheit herausheben heißt, der Stoff dagegen befindet sich in regellosem Fluß, er wird im Lebensprozeß von der Form ergriffen und für ihre Zwecke gestaltet, aber immer wieder entweicht er – innerhalb des irdischen Bereiches – der Bindung, und will er immer von neuem gewonnen sein. So ist die Welt in steter Bewegung begriffen, aber ihr Grundbestand bleibt dabei unverändert, das Beharren bleibt dem Wandel überlegen. Auch wo die Veränderung über das Individuum hinausreicht, wie das sowohl die Geschicke der Völker als die Bewegungen der Himmelskörper vor Augen stellen, da wird keineswegs alles Beharren aufgegeben, sondern es entwickelt sich, wohl im Anschluß an die babylonische Astronomie, die Überzeugung von festen Rhythmen innerhalb der Bewegung: wie Tag und Nacht, wie Sommer und Winter einander in ständiger Wiederkehr folgen, so wirken auch Rhythmen im Ganzen der Welt und bei den Geschicken der Menschen; die Bewegung geht nicht ins Unendliche fort, sondern nur bis zu einem gewissen, nicht zu verschiebenden Punkte, dann lenkt sie wieder zum Ausgang zurück und beginnt einen neuen Umlauf. So ist alles alt und neu zugleich, in unablässigem Auf- und Abwogen, im endlosen Kreislauf der Perioden bleibt das Ganze der Welt unverändert. Solcher Fassung der Wirklichkeit entspricht die Arbeit der Wissenschaft. Sie hat hier nicht sowohl dem Werden der Zusammenhänge nachzugehen, als ihr Gesamtbild aus dem Durcheinander der ersten Eindrücke herauszuheben, den Fluß der Dinge zum Stehen zu bringen; sie ist nicht erzeugender, sondern beschreibender und ordnender Art. Feste Typen zu ergreifen und in einer gewissen Verwandtschaft mit der plastischen Kunst auszubilden, darin hat diese Forschung ihre Stärke; der griechischen Arbeit vornehmlich verdanken wir die Festlegung scharfumrissener Typen des Denkens und Lebens, welche die Menschheit dauernd begleiten.

Das Suchen beharrender Größen reicht vom All auch in den näheren Befund des menschlichen Daseins hinein. Die Art des politischen Lebens scheint hier an erster Stelle durch die Art der Verfassung bestimmt, die Form des Staates erscheint als das, was gegenüber dem Wechsel der Individuen den Zusammenhang des Ganzen wahrt, die Schätzung und vielfache Überschätzung der Verfassungsformen hat sich besonders von hier aus eingebürgert. Dabei entwickelt sich die Neigung, eine Idealform zu entwerfen und sie als bleibende Norm aller Bewegung politischer Verhältnisse vorzuhalten.

Besonders deutlich erscheint jenes Beharrungsstreben in der Gestaltung des Seelenlebens. Ein fester Grundstock des Lebens wird hier vorausgesetzt; seine Entfaltung stellt der Tätigkeit eine bedeutende Aufgabe, aber auch ein festes, unüberschreitbares Ziel; mit seiner Erreichung hört sie auf, ein bloßes Streben zu sein, und verwandelt sich in ein Ruhen bei sich selbst, in ein durch die eigne Betätigung und Darstellung vollbefriedigtes Wirken. Als Beispiel dessen dient namentlich die künstlerische Anschauung, die eine, die Freude enthält, ohne etwas über sich selbst hinaus zu erstreben. Der Gegensatz scheint hier gänzlich überwunden, indem die Tätigkeit in sich selbst ein Beharren aufnimmt. Wenn demnach das Glück hier nicht im Streben, sondern im Besitz gesucht wird, so ist dieser Besitz keine träge Ruhe, sondern eine fortdauernde Tätigkeit. Die Hauptaufgabe ist hier das Leben selbst als volle Entfaltung und kräftiger Zusammenschluß der eignen Natur, es gilt, nach Pindars Worten, zu werden, was man ist. Alle Mannigfaltigkeit im Lebensbereich wird aber in ein festes Verhältnis, sei es der Abstufung, sei es des Gleichgewichts, gebracht. Mit dem allen entsteht ein in sich selbst gefestigtes, bei sich selbst befindliches, bei stetiger Betätigung aller Unruhe und Hast entzogenes Leben.

Daß dies von den Philosophen entworfene Bild den Durchschnitt des griechischen Lebens beherrscht hat, wird heute niemand behaupten, eher hat es sich erst durch den Gegensatz zum Durchschnitt ausgeprägt. Aber im geistigen Leben und in der Arbeit jenes einzigartigen Volkes steht die Philosophie nicht vereinzelt da. Auch die Kunst wie die Literatur zeigt mehr Beharren als das der Neuzeit, bleibende Typen gehen durch lange Jahrhunderte, ohne die Individualität der Schaffenden zu unterdrücken. Auch die technische Arbeit hat mehr Beharren, sie verändert sich in ihren Methoden und Werkzeugen weit weniger, als es namentlich in der neuesten Zeit geschehen ist. So hat dies ganze Leben einen ruhigeren Charakter als das moderne, es trägt weniger offene Aufgaben und schroffe Widersprüche in sich, es ist weniger ein rastloses Weiterstreben, ein Hoffen und Harren auf eine bessere Zukunft als eine Zusammenfassung und Befestigung in sich selbst, es schöpft seine Befriedigung aus dem vollen Gewinn seines eigenen Wesens in der Gegenwart.

Dies Lebensideal mit seiner Ausgleichung von Beharren und Tätigkeit hat spätere Zeiten immer wieder zu sich zurückgezogen, aber alle seine edle Größe kann nicht die Voraussetzungen übersehen lassen, auf denen es ruht, und die den folgenden Zeiten hinfällig wurden. Es verlangt eine kraftvolle Natur, es verlangt eine bedeutende, auf sich selbst begründete Tätigkeit, ja es verlangt einen Glauben an die Vernunft des Grundbestandes der menschlichen Seele und der gesamten Wirklichkeit. Auch die Form kann nur da die führende Stelle behaupten, wo sie ein inneres Leben, man möchte sagen: eine Seele besitzt. In dem allen bringt der Ausgang des Altertums starke Verschiebungen. Nach Verlust der politischen Freiheit und bei Stocken des geistigen Schaffens verliert die Tätigkeit den alten Gehalt, und was an neuem geboten wird, kann den Verlust nicht voll ersetzen; schwere Probleme und Widersprüche erscheinen innerhalb des Menschenwesens und des Weltbestandes, namentlich droht die alte Harmonie zwischen Geistigem und Sinnlichem in einen schroffen Gegensatz umzuschlagen; im wesentlichen Kreise wird immer mehr die geringe Art und die Sinnlosigkeit des Alltagstreibens peinlich empfunden; der Gedanke einer ewigen Wiederkehr des Gleichen kann nunmehr alle Mühe und Arbeit als fruchtlos erscheinen lassen und damit zu einem entsetzlichen Drucke werden. Die Form endlich bewahrt beim Sinken der Schaffenskraft nicht die Seele und den Gehalt, die das Leben fordern muß.

So versanken alte Ideale, ohne daß neue sich dem Wirrwarr der Zeiten entrangen; war es ein Wunder, daß bei solcher Lage da, wo nicht aller und jeder Lebensglaube schwand, ein starkes Verlangen nach irgendwelcher vom Wandel der Zeit unberührten Wahrheit und nach voller Ruhe im Besitz einer solchen Wahrheit entstand? Ein Ewiges gilt es zu finden, das das ganze Reich des Werdens hinter sich läßt und auch dem Menschen ein neues Leben eröffnet. Ein solches Ewiges aber ist nicht innerhalb der Welt, sondern nur über ihr zu finden; so erhält das Streben einen religiösen Charakter, das künstlerische Beharrungsstreben, welches das Beharren innerhalb der Tätigkeit suchte, weicht einem religiösen, das beides in Gegensatz zu bringen geneigt ist. Ruhe im Ewigen, unter Befreiung von aller Hast und Mühe des Lebens, das wird nun zum allesbeherrschenden Ziel. Auf der Höhe des geistigen Lebens, wie bei einem Plotin, erscheint diese Ruhe freilich nicht als ein Einstellen alles Tuns, aber das Tun liegt hier gänzlich innerhalb der Seele, es wird zu einer unablässigen Anschauung des einen ewigen Seins; mit der Veränderung verschwindet auch alle Mannigfaltigkeit. Schließlich verbleibt als Lebensbestand nur eine einzige Grundstimmung, ein stilles Ruhen und freies Schweben im ewigen Sein. Die Ewigkeit hebt sich hier als stehende Gegenwart von aller bloßen Zeitdauer ab und wird der Standort, von dem aus das Vernunftwesen die Wirklichkeit erlebt. Die Ruhe im Urgrunde der Dinge jenseits aller Kämpfe und Gegensätze wird in den Wirren jener Zeit und bei jähem Sinken der Kultur das höchste, ja das einzige Ziel; alles Denken erhält einen symbolischen Charakter, der Aufstieg vom Sichtbaren zum Unsichtbaren, vom Bilde zur Wahrheit wird zum Hauptzuge des Lebens.

Das Christentum konnte die Menschheit nicht zu einer völligen Umwandlung aufrufen, nicht einen neuen Stand der Dinge verkünden, ohne mit der Geschlossenheit der altgriechischen Überzeugung zu brechen. Eben sein Erscheinen macht die Grundvoraussetzung klar, auf welcher das Alte ruhte, und die nun unhaltbar wird. Die griechische Lösung des Problems steht und fällt mit der Überzeugung, daß unsere Welt alles tatsächlich ist, was sie irgend nur sein kann, daß sie sich in einem vollendeten Stande befindet, der keiner Veränderung bedarf und kein Eingreifen fordert. Nur bei solcher Überzeugung konnte die Anschauung des Alls dem Leben seinen Hauptinhalt, und zwar einen vollbefriedigenden Inhalt geben. Das Christentum dagegen hat die gegenteilige Überzeugung, daß die Welt voll schwerer Verwicklungen ist, daß sie von einem Normalstande, den sie innehaben sollte und in Wahrheit anfänglich innehatte, herabgesunken ist, und daß es die verlorene Höhe durch eine große Wendung wiederzugewinnen gilt, die ein neues Eintreten göttlicher Liebe und Macht in unseren Bereich erfordert. Zugleich erhält das Weltganze einen wesentlich neuen Ausblick, große Taten werden nun zum Kern des Geschehens, der Schwerpunkt des Lebens verlegt sich aus dem Erkennen ins moralische Handeln, das Ganze bildet ein ethisches Drama, in dem das Heil der Menschheit, ja des ganzen Alls in Frage steht, und das gewaltigste Wendungen in sich trägt. Der Ernst dieses Dramas gestattet keine Wiederholung, der Gedanke eines

Rhythmus des Geschehens, eines bloßen Auf- und Abwogens der Weltgeschicke, wird entschieden verworfen. Zugleich verschiebt sich das Verhältnis von Zeit und Ewigkeit. Wohl gründete auch die Höhe des griechischen Denkens das zeitliche Geschehen auf eine ewige Ordnung, aber beides bleibt deutlich voneinander geschieden, die Ewigkeit tritt nicht in den Wandel der Zeit hinein. Das aber ist es, was nach der Überzeugung des Christentums geschieht, dies vornehmlich unterscheidet sie von anderen Lebensordnungen. Indem hier das Ewige in die Zeit eintritt, wird das Geschehen innerhalb der Zeit aufs beträchtlichste gehoben, und gewinnt es einen Wert für die tiefsten Gründe und die letzten Schicksale der Wirklichkeit. Der Aufbau eines Reiches Gottes im Bereich des menschlichen Daseins hängt damit aufs engste zusammen, nichts unterscheidet beim Zusammenstoß der alten und der neu aufsteigenden Welt die leitenden Denker beider Seiten, einen Plotin und einen Augustin, mehr voneinander als dieses, daß jener die Zeit zu einem bloßen Gleichnis der Ewigkeit herabsetzt und keinerlei geschichtliche Weiterbildung des menschlichen Daseins kennt, während bei Augustin der Aufbau einer religiösen Gemeinschaft, einer kirchlichen Ordnung, zum beherrschenden Mittelpunkt der Gedankenwelt wird. Indem der Menschheit mit jenem Aufbau und Ausbau eine große Aufgabe vorgehalten und von ihr eine Entscheidung verlangt wird, gewinnt sie zuerst eine Geschichte wahrhaftiger Art. Es ist aber jene Aufgabe dauernder Natur. Denn auch nachdem die Bewegung mit dem Siege des Christentums in ruhigere Bahnen eingelenkt ist, verbleibt die Forderung einer weiteren Ausbreitung und Durchbildung des christlichen Lebens. Dabei hat das Christentum von Anfang an in seinem

Bilde des Gottesreiches der Menschheit ein hohes Ziel vorgehalten, das alle in unserer Erfahrung mögliche Leistung weit übertrifft, das daher in die menschliche Seele eine tiefe Sehnsucht einpflanzt und die Gedanken immerfort über die Gegenwart und die gegenwärtige Ordnung hinaus auf eine in Glauben und Hoffnung vorausgenommene Zukunft richtet.

An dem aber, was hier das Leben an innerer Bewegung und an geschichtlicher Gestaltung gewinnt, nimmt auch die Seele des Einzelnen vollauf teil, ja sie erfährt die Wandlung am unmittelbarsten und tiefsten. Denn nunmehr kann das Leben nicht mehr seine Aufgabe darin finden, nur eine schon vorhandene Natur deutlich herauszuarbeiten und kräftig festzuhalten. Denn die Steigerung der ethischen Forderung mit ihrem Bestehen auf einem neuen und reinen Menschen macht alle Leistung bloßer Naturkraft unzulänglich und verlangt eine Erneuerung von Grund aus. Damit zuerst entsteht eine Geschichte der Seele und gibt sich als den Kern alles Lebens. Die großen Grundsätze des Daseins stoßen hier unmittelbar aufeinander und halten den Menschen, der sich zwischen ihnen hin und her bewegt, in unablässiger Spannung.

So gibt es hier viel mehr Bewegung und Wandlung als in der antiken Gedankenwelt. Aber andererseits wirkt vieles zusammen, um das Streben nach Beharren festzuhalten und zu verstärken. Die völlige Überweltlichkeit und die persönlichere Fassung der Gottesidee gibt der auch hier, namentlich nach erfochtenem äußeren Siege, auf der Höhe des Lebens ersehnten Ruhe in Gott eine größere Wärme und Innigkeit, noch dringlicher wird das Verlangen nach völliger Befreiung von allem unsteten und unlauteren Treiben der Welt. Das Erscheinen des Ewigen in der

Zeit konnte dann leicht so verstanden werden, daß es den Menschen auffordert, schon inmitten dieses Lebens sein Sinnen und Denken ganz in das Ewige zu stellen und von aller Zeit zu befreien. Dieser Gedankengang hat sich namentlich in der griechischen Kirche, vor allem in ihrem Mönchstum, befestigt und dauernd behauptet.

Im Ganzen des Lebens wirkte aber zum Beharren namentlich die Überzeugung, daß die Wahrheit, die über das Heil der Seele entscheidet, nicht aus menschlicher Kraft errungen sei, sondern daß sie an uns als eine Mitteilung Gottes, als eine übernatürliche Offenbarung komme und als solche keine Veränderung dulde. Der Verlauf der Geschichte macht die Kirche zur Hüterin dieser unwandelbaren Wahrheit; je mehr sich jene von aller weltlichen Umgebung abhebt, je weiter Göttliches und Menschliches, Übernatürliches und Natürliches auseinandertreten, desto höher wird die unantastbare göttliche Wahrheit über allen Wandel des menschlichen Lebens, über den Bereich der menschlichen Arbeit hinausgehoben.

Eine weitere Unterstützung erhielt das Beharrungsstreben durch die Lage des ausgehenden Altertums mit seiner Abneigung gegen alles selbständige Handeln und alle eigne Verantwortung; wie es im Streben nicht sowohl eine freudige Anspannung der Kraft als eine lähmende Unsicherheit über das Gelingen empfand, so mußte es das Glück nicht sowohl im Streben als im Besitz, einem völlig sicheren und untastbaren Besitze suchen. Einen solchen Besitz aber schien nur die Religion in der Fassung der Kirche zu gewähren.

Wie diese Beharrungstendenz im Mittelalter innerhalb der Religion weiter um sich griff, so gewann sie auch die ganze Verzweigung des Lebens. Bei aller schwellenden Kraft waren die neuen Völker noch nicht imstande, eine eigne Kultur hervorzubringen, so mußten sie sich an die überkommene halten, sie als den endgültigen Abschluß betrachten und unbedingt verehren. So konnte Aristoteles als der höchste Gipfel menschlichen Erkennens erscheinen, von dem man sich ja nicht trennen dürfe; so galt überall das irgend Erreichbare als in der Vergangenheit schon erreicht. Die eigne Arbeit hatte nur das Errungene treu zu wahren und es gewissenhaft den späteren Geschlechtern zu übermitteln.

Diese Denkweise pflegte das eigne Leben und den Stand der Umgebung im Licht der Vergangenheit zu sehen, sei es der Anfänge des Christentums, sei es des klassischen Altertums; die Vergangenheit mit ihren Höhepunkten war das seelisch Nächste, wie ein Schleier lag sie zwischen dem Menschen und seiner eignen Zeit. Nur insofern gab es etwas Neues zu tun, als die verschiedenen Autoritäten, an die man sich hielt, untereinander auszugleichen waren; eine solche Aufgabe hat die Scholastik aufgenommen und innerhalb der Grenzen der Sache in tüchtiger Weise gelöst. So trägt das Leben hier bei aller Emsigkeit nach außen hin im innersten Kern eine große Ruhe und Sicherheit, es bleibt gewöhnlich von aufregenden Seelenkämpfen verschont; etwaige Zweifel werden als etwas Ungeheuerliches erachtet und streng verurteilt.

Ihren Höhepunkt erreicht diese Stimmung der Ruhe in der Mystik, in geradem Gegensatz zur harten und rauhen Art der Umgebung entwickelt diese eine wunderbare Zartheit und Innigkeit, sie will das Leben des Menschen immer mehr von aller Zeit befreien, ihn jeden Tag jünger machen, ihn ganz und gar in eine »stehende Gegenwart« versetzen; allem Leid scheint entronnen und reiner Seligkeit teilhaft, wem die Zeit wie Ewigkeit und Ewigkeit wie Zeit wird. Um solcher Ruhe eine sichere Stätte in der Seele zu bereiten, wird hier das »Gemüt« als ein reines Beisichselbstsein der Seele von aller äußeren Betätigung geschieden, und wenn solche Vertiefung des Lebens in sich selbst ein freudiges Wirken zur Welt nicht hindert, so hat dieses lediglich als Erweisung der Gesinnung einen Wert. Die enge Verbindung von Gott und Welt, welche die Mystik vertritt, mag zunächst wie die sichtbare Welt so die Zeit zu bloßem Schein und Traum herabsetzen, zu einer Morgenröte, die verschwindet, wenn das Licht der Sonne erscheint, aber es liegt auch die Wendung nahe, Welt und Zeit als Ausdruck des ewigen Seins enger miteinander zu verbinden und ihnen eine größere Bedeutung zu geben; so liegen hier wertvolle Keime wie zu einer spekulativen Erfassung der Welt von innen her, so auch zu einer Entwicklungslehre.

Dies Überwiegen der Beharrungsidee zog auch dem Handeln des Mittelalters bestimmte Grenzen. Wo der Stand der Dinge, mit aller Unvollkommenheit und mit allem Leid, als die Fügung eines höheren Willens galt, da konnte es nicht die Aufgabe des Menschen sein, wesentliche Veränderungen anzustreben und die Wirklichkeit möglichst in ein Reich der Vernunft zu verwandeln; jenes Leid ertrug sich um so leichter, als das ganze irdische Leben nur als ein flüchtiger Durchgang zu einem besseren Sein, zu dem wahren »Vaterlande« galt. So beschränkt sich das helfende Wirken darauf, in allen einzelnen Fällen die vorgefundene Not nach bestem Vermögen zu lindern, nicht aber wird das Elend bis in seine Quellen zurückverfolgt und durch eine Wandlung der allgemeinen Verhältnisse von Grund aus zu heben gesucht. Wie aber der Stand der Menschheit als in der Hauptsache unwandelbar hingenommen wird, so gilt auch die große Welt draußen als von überlegener Schöpferkraft ein für allemal festgelegt, im besonderen liegt der Gedanke einer Veränderlichkeit der Lebensformen fern, die Natur erscheint als die treue Bewahrerin der Gestalt, die der Schöpfer den Dingen aufgeprägt hat. Diese ältere Art des Lebens hatte große Vorzüge. Sie gab dem Leben ein inneres Gleichgewicht und dem Menschen das Bewußtsein, von sicherer Wahrheit umfangen zu sein, sie gewährte eine unvergleichlich größere Ruhe, als sie späteren Zeiten beschieden war. Aber sie hatte eine Voraussetzung, deren Erschütterung das Ganze hinfällig machte, die Voraussetzung, daß in jenen Leistungen der Vergangenheit, an die sie sich hielt, das denkbar Höchste, die volle Wahrheit erreicht sei; erschienen neue Aufgaben und neue Kräfte, erfolgten eingreifende Wandlungen im Grundbestande des Lebens und im Gesamtblick der Wirklichkeit, so mußte ein Widerstand gegen jenen Abschluß kommen, ein Widerstand, der sich nicht durch eine freundliche Vereinbarung schlichten ließ, sondern der zu einem völligen Bruche trieb. Denn sobald die Überzeugung Boden gewann, daß die überkommene Art die Fülle des Lebens nicht erschöpfe, daß sie viele Aufgaben unangegriffen liegen lasse, deren Lösung möglich, ja schlechterdings notwendig sei, sobald mit einem Worte die Unfertigkeit und die Unzulänglichkeit des Alten außer Zweifel trat, mußte sein Anspruch, das Letzte und Ganze zu sein, als eine Irrung erscheinen, die zugunsten der Wahrheit mit größtem Nachdruck zu bekämpfen sei; mit Unrecht dünkte hier die Leistung einer besonderen Zeit festgelegt und zur bleibenden Norm für alle Zeiten erhoben; es konnte sich das zu dem Vorwurf steigern, daß jenes Unterfangen Zeitliches als ewig, Menschliches als göttlich darstelle. Die Entscheidung des Kampfes, der daraus hervorgeht, liegt aber daran, ob die Neuzeit in Wahrheit ein selbständiges Leben hervorgebracht hat oder nicht; hat sie das, hat sie über alle menschliche Meinung hieraus neue Kräfte entfaltet, wesentlich Neues aus Leben und Wirklichkeit gemacht, gibt es eine eigentümliche moderne Kultur und eine eigentümliche geistige Art des modernen Menschen, so ist die Grundlage zerstört, auf der das Mittelalter mit seiner Beharrungslehre ruhte.

Es war aber beim Aufsteigen des neuen Lebens keineswegs die Absicht der Handelnden, etwas wesentlich Neues und anderes zu bringen, vielmehr glaubte man in dem, was man brachte, nur das Alte von einer Entstellung zu befreien und es zu seiner ursprünglichen Art zurückzuführen. So fühlten Renaissance und Reformation sich nicht als die Träger eines neuen Lebens, was sie in Wirklichkeit waren, sondern als die Wiederhersteller eines alten; sie wollten nicht etwas Neues, sie wollten nur das richtig verstandene Alte. Erst das 17. Jahrhundert und das Vordringen der Aufklärung gab dem Neuen ein volles Bewußtsein eigener Art, so daß Altes und Neues nun deutlich auseinandertraten; zugleich ließ sich nicht vermeiden, zwischen beide ein mittleres Zeitalter *(medium aevum)*, ein Mittelalter, einzuschieben. So war die übliche Einteilung der Geschichte gefunden, mit all den Mängeln, die einer solchen Zerlegung anhaften, aber doch als eine unvermeidliche Notwendigkeit. Zugleich war erkannt, daß sich das menschliche Dasein in Bewegung befindet; die Neuzeit konnte ihr eigenes Recht nicht erweisen, ohne mit der überkommenen Beharrungslehre zu brechen.

Wie der Bewegungsgedanke mehr und mehr in die einzelnen Gebiete eingedrungen ist, und wie er alles, was ihm entgegenstand, schließlich auch die organischen Formen, mehr und mehr aufgelöst hat, das gehört nicht in unsere Betrachtung hinein, die sich mit der Gesamtart des Lebens und der Arbeit zu befassen hat. Vor allem ist hier die Veränderung der Grundvoraussetzung gegenüber den früheren Lebensordnungen anzuerkennen, die immer deutlicher zutage tritt. Den Griechen besagte die Welt bei aller Bewegung des Einzelnen ein fertiges und abgeschlossenes Ganzes, sie forderte nicht eine wesentliche Veränderung. Das Christentum dagegen mit seiner moralischen Schätzung der Dinge fand die Welt voll Irrung und Schuld, ja mit einem durchgängigen Widerspruch behaftet, mit einem so schweren Widerspruch, daß seine Lösung nicht von der eigenen Bewegung der Welt, sondern nur von überweltlicher Macht zu erwarten war. Der Hauptzug der Neuzeit dagegen kennt keinen solchen Gegensatz, auch das Göttliche möchte er in immanenter Denkweise ganz und gar mit der Welt verketten und verschmelzen. Aber mag sich darin eine Annäherung an die Antike vollziehen, einen Hauptunterschied bildet dieses, daß die Welt jetzt nicht als fertig, sondern als mitten im Werden befindlich gilt, und daß sie zugleich den Menschen weit mehr zu eignem Handeln aufruft; die Wirklichkeit erscheint als ein Ganzes, das sich durch seine eigne Bewegung vollendet. Wohl dünkt die Welt, so wie sie vorliegt, höchst unvollkommen, aber sie befindet sich nach moderner Überzeugung in einem sicheren Aufsteigen zur Höhe; das muß die Lebensstimmung wie die Art der Arbeit eingreifend gegen frühere Zeiten verändern. Hatte zum Beispiel vorher die Wissenschaft die Aufgabe, beharrende Formen aus der Flucht der sinnlichen Erscheinungen herauszuheben und die vollendete Gestalt die Bewegung beherrschen zu lassen, so scheint nun die Zeit für die Bildung der Wirklichkeit unentbehrlich; nun gilt es, den vorgefundenen Stand durch Verfolgung seines Werdens von den ersten Anfängen her durchsichtig zu machen und zugleich dem Menschen mehr Macht über die Dinge zu erringen. Denn wer vom Werden aus versteht, der kann in die Dinge eingreifen und sie nach den Zwecken des Menschen lenken. Indem daher das Wissen aus einem Anschauen der Wirklichkeit ein Nachschaffen wird, verbindet es sich enger dem Leben und hebt es seine Tätigkeit. Die Wissenschaft führt die Bewegung zur Unterwerfung der Welt unter den Menschengeist; so konnte Bacon mit Recht von einem Reich der Philosophie und der Wissenschaften reden.

Das neue Leben nimmt vom vorhandenen Stande nichts als unwandelbar hin, auch den schwersten Problemen hält es die Hoffnung einer besseren Zukunft entgegen. Aufgaben über Aufgaben werden ersichtlich, überall erscheint eine Fähigkeit der Steigerung, unbegrenzte Möglichkeiten eröffnen sich. Steigerungsfähig, nicht an einen festen Einsatz der Natur gebunden, erscheint zunächst der Mensch bei sich selbst. Denn nichts scheint dem vernünftigen Wesen eigentümlicher als ein Innewohnen unendlichen Lebens und Strebens; so ist den Kräften nicht ein bestimmtes Maß gesetzt, sondern sie scheinen wachsen und immer weiter wachsen zu können. Steigerungsfähig ins Unbegrenzte scheint ferner das staatliche wie das wirtschaftliche Leben, das aber sowohl in der Richtung der möglichsten Austreibung aller Unvernunft aus den menschlichen Dingen, der fortschreitenden Verwandlung unseres Daseins in ein Reich der Vernunft, als auch in dem Streben, die sinnlichen wie die geistigen Güter möglichst allen einzelnen Gliedern der Gemeinschaft mitzuteilen. Da auch die geistige Arbeit in aller ihrer Verzweigung von der Bewegung ergriffen wird, so bestimmt die Fortschrittsidee immer mehr den Gesamtcharakter des Lebens. Indem die Bewegung immer mehr alle ihre gegenüberliegenden Ziele auflöst und die Ziele selbst nach ihren wechselnden Bedürfnissen immer neu gestaltet, wird mehr und mehr sie selbst mit ihrem unablässigen Anschwellen zum Hauptinhalt des Lebens, sie will schließlich nichts über sich selbst hinaus, die Kraftsteigerung selbst wird zum allesbeherrschenden Ideal, das mit dem alten der Formgebung aufs härteste zusammenstoßen muß, »das Werden ist die Wahrheit des Seins« nach Hegels Wort.

In dieser Weise die Herrschaft über das Leben erringen oder fordern kann die Bewegung nicht, ohne die Regellosigkeit zu überwinden, die ihr bis dahin anhaftete und zu hartem Vorwurf gereichte, sie muß bei sich selbst einen festen Zusammenhang und eine sichere Richtung finden. Das aber geschieht, indem sie sich zu einer Entwicklung gestaltet. Denn diese macht alle einzelnen Phasen zu Stufen einer fortschreitenden Bewegung, in der sich das eine zum andern fügt und sich alle einzelnen Leistungen zu einem Gesamtwerk verbinden. Dieser Entwicklungsgedanke vermag sich über die ganze Wirklichkeit auszudehnen und sie aus einem Guß zu gestalten. Gerade die Denker, welche als Hauptvertreter der modernen Kulturbewegung gelten dürfen, haben der kosmisch gefaßten Entwicklungsidee einen besonders großartigen Ausdruck gegeben. So Leibniz mit seinen zahllosen Monaden, die sich alle in langsam, aber sicher aufsteigender Bewegung befinden, und deren Fortschritte sich zu einem unablässigen Vordringen der Vernunft summieren; so Hegel, der die Bewegung des Alls durch ein immer neues Entstehen und Überwundenwerden von Widersprüchen fortschreiten läßt; jedes Einzelne muß hier mit seiner Besonderheit in den Strom des Werdens vergehen, aber als eine Stufe des Ganzen bleibt es in ihm dauernd bewahrt. Dem Gesamtgedanken der Bewegung im modernen Sinne hat der Dichter einen begeisterten Ausdruck gegeben:

>*»In Lebensfluten, im Tatensturm*
Wall' ich auf und ab,
Wehe hin und her!
Geburt und Grab,
Ein ewiges Meer,
Ein wechselnd Weben,
Ein glühend Leben,
So schaff' ich am sausenden Webstuhl
    der Zeit
Und wirke der Gottheit lebendiges Kleid.«

Solche Wandlungen erzeugen ein neues Verhältnis von Zeit und Ewigkeit und ergeben zugleich eine eigentümliche Schätzung der Gegenwart; eine nähere Betrachtung dessen zeigt bald, daß die Entwicklungsidee selbst eine Entwicklung besitzt, und daß sie dabei drei Hauptphasen durchlaufen hat. Die erste Phase entspringt aus der Religion, namentlich der religiösen Spekulation, wie sie mit Augustin beginnt und von der philosophischen Mystik fortgeführt wird. Wie hier die Welt in ihrer Mannigfaltigkeit als eine Darstellung, eine Auswicklung der göttlichen Einheit erscheint, so bildet der Gesamtlauf der Zeit eine Auswicklung des ewigen Seins; zu einem solchen Ausdruck der Ewigkeit kann die Zeit nicht werden, ohne selbst an Bedeutung zu gewinnen und sich mehr zu einem fortlaufenden Ganzen zusammenzuschließen. Hier zieht das Geschehen innerhalb der Zeit allen Gehalt und Wert aus der Ewigkeit und bleibt daher über sein nächstes Dasein hinaus auf jene gerichtet, auch die Seele des Menschen behält in der Mystik bei aller Arbeit an der Welt eine stille, vom Gewirr der Welt unberührte Tiefe. Es folgt dann eine künstlerisch-spekulative Phase, die das Ewige mehr und mehr in unsere Welt hineinzieht und sie schließlich ganz darin aufgehen läßt; die Bewegung der Wirklichkeit erscheint hier als die Entfaltung eines allumfassenden Lebens, das dadurch selbst zur vollen Verwirklichung kommt. So künstlerisch am großartigsten bei Goethe, philosophisch bei Hegel. Hier wird das Leben nicht über sich selbst hinaus auf ein jenseitiges Sein verwiesen, aber jede einzelne Betätigung steht innerhalb des Lebens eines Ganzen und wird von ihm durchwaltet; so kann das Leben eine Tiefe bei sich selbst gewinnen, im Strome der Zeit das Überzeitliche ergreifen, es kann nach Goethes Ausdruck der Augenblick ein Vertreter der Ewigkeit werden. Endlich aber kommt es zu einer naturwissenschaftlich-positivistischen Entwicklungslehre, die alles, was auf Ewigkeit Anspruch macht, gänzlich hinter den Lebensprozeß verlegt und diesen möglichst restlos in die Bewegung und Verschiebung der Elemente aufgehen läßt. Alsdann verläuft das Geschehen in einer einzigen Fläche und erschöpft sich ganz im unmittelbaren Dasein, es hat in keiner Weise etwas dahinter Befindliches darzustellen oder ihm zu dienen; so kann es auch nicht um irgendwelchen Sinn befragt werden. Das Leben zerfällt hier völlig in ein Nebeneinander einzelner Vorgänge und in ein Nacheinander der Augenblicke, die wohl eine gewisse Summierung ergeben, nicht aber einen inneren Zusammenhang bilden.

Diese Phasen sind kein bloßes Nacheinander, es

erhält sich namentlich die zweite auch neben der dritten, aber dem Hauptzuge nach hat die Bewegung sich immer mehr in das nächste Dasein verlegt und alles Beharren immer entschiedener ausgeschieden, zugleich hat sie immer schärfer einen eigentümlichen Lebenstypus ausgeprägt, der den Gegensatz der alten und der neuen Art zur vollsten Entfaltung bringt. Konnte früher als das höchste Ziel erscheinen, das Leben von der Ewigkeit aus zu führen und ein Ewiges in ihm zugegen zu halten, so soll es sich nun dem Fluß der Zeit und dem wechselnden Augenblick möglichst enge verketten. Wurden früher dem Handeln unwandelbare Ideale vorgehalten, an denen sich alles Unternehmen zu messen und denen gemäß es sich zu gestalten habe, so werden diese nun zu einer Bedrückung und Beengung, und es wird für alles, was sich regt und aufstrebt, das gleiche Recht und die vollste Freiheit verlangt. So bleibt das Leben in unablässiger Wandlung, je mehr es das tut, je weniger es stockt und stagniert, desto höher scheint es zu stehen; gibt ihm doch solche Beweglichkeit einen unermeßlichen Gewinn an Freiheit und Fülle, an Frische und seelischer Nähe. Solcher Wandlung folgen auch die einzelnen Gebiete. Die Erziehung verändert sich bis zum Grunde, wenn nunmehr der Mensch nicht für ein zeitüberlegenes Menschheitsideal, sondern für die Bedürfnisse seiner eignen Zeit gebildet werden soll; die Gesetzgebung hat jetzt nicht gleichförmige Forderungen durchzusetzen, sondern sie muß der jeweiligen Lage entsprechen und ihren Wandlungen rückhaltlos folgen. In solchem Zusammenhange gewinnt der Begriff des Modernen eine eigentümliche Bedeutung und Anziehungskraft. Nicht zähe am Alten zu hangen, sondern das flüssige und flüchtige Jetzt zu ergreifen, es kräftig herauszuarbeiten und ihrer Art das Dasein immer neu anzupassen, das scheint hier das Haupterfordernis zum Gelingen des Lebens; nur damit scheint es vollauf unser eignes Leben zu werden, nur damit das zu erreichen, was in diesen Zusammenhängen Wahrheit zu heißen vermag. So ein Auflösen aller Starrheit, ein Flüssigwerden aller Größen, eine völlige Hingebung an den Strom der Dinge.

Was wir aber so für uns selbst verlangen, das müssen wir auch den anderen Zeiten vergönnen, wir dürfen sie nicht von uns aus, wir müssen sie aus sich selbst verstehen, wir dürfen sie nicht an einem absoluten Maßstabe, wir müssen sie an dem messen, was sie selbst sich zum Ziele setzten. So entsteht der Relativismus einer geschichtlichen Betrachtungsweise und entwickelt das Vermögen des Menschen, sich mit voller Hingebung in alle Gestalten der Vergangenheit hineinzuversetzen, sie nachzubilden, ja nachzuleben. Eine unermeßliche Weite und unbegrenzte Elastizität wird damit dem Leben gewonnen; was immer die Menschheit bewegt, scheint auch uns zu eigen zu werden.

Aber aller Gewinn, den solches Beweglichwerden des Lebens, solche Schmiegsamkeit und Anpassungsfähigkeit des Menschengeistes brachte, hatte eine Kehrseite, die wohl dem Individuum, nicht aber der geistigen Arbeit entgehen kann. Alle geistige Arbeit bedarf einer Zusammenfassung der Mannigfaltigkeit und einer Bewältigung des ersten Eindrucks, sie ist nicht möglich, wenn den Menschen die Flut der Erscheinungen wie einen Spielball bald hierher, bald dorthin wirft, sie bedarf eines festen Standorts; sie kann diesen aber nur in Gegensatz zu jener Beweglichkeit finden. So ist denn auch das Schaffen der Neuzeit inmitten aller Veränderung von Anfang an eifrig darauf bedacht gewesen, irgendwelchen festen Punkt zu finden, von dem aus das Reich des Werdens sich verstehen und beherrschen lasse. Es fragt sich nur, ob sie ein solches Festes gefunden und zur Wirkung gebracht hat, ob sie es überhaupt in dem von ihr abgesteckten Lebenskreise zu finden vermochte.

Es hat aber die neuere Denkarbeit namentlich in zwiefacher Weise dem Vordringen der Bewegung etwas Festes entgegengesetzt: einmal von der Philosophie, dann von der Naturwissenschaft aus; dort war es das Denken selbst, hier das Naturgesetz, das dem Ganzen des Lebens einen sicheren Halt zu versprechen schien. Den Anfang der neuen Philosophie bezeichnet die Wendung des Descartes zum denkenden Ich als dem archimedischen Punkte, den niemand bezweifeln könne; es war aber dabei nicht sowohl der einzelne Punkt als das Denken selbst, das den suchenden Geist zur Sicherheit führen soll; was es als klar und deutlich erkennt, das darf als sichere Wahrheit gelten. Einer derartigen Leistung war das Denken nicht fähig als ein leeres Gefäß oder als eine jeder Anregung nachgebende Masse, es bedurfte dazu eines festen Stammbesitzes, und diesen schienen ihm innewohnende Wahrheiten, die sogenannten eingeborenen Ideen *(ideae innatae)*, zu bieten. Nur mit ihrem Besitz konnte es sich der Flut der Erscheinungen entgegenwerfen und den vorgefundenen Stand der Dinge nach seinen Forderungen umzugestalten wagen. Solche ewigen Wahrheiten verfechten nicht nur Denker wie Spinoza und Leibniz mit voller Zuversicht, es hat sie nicht nur in anderer Wendung auch Kant, indem er eine beharrende intellektuelle Struktur des Geistes aller Erfahrung und zugleich aller Veränderung voranstellt, sondern das Ganze der Aufklärung setzt sie bei dem Streben voraus, allen überlieferten Befund auf sein Recht zu prüfen, und wenn er diese Prüfung nicht besteht, ihn auszutreiben oder umzuwandeln. Durch eine derartige Aufforderung, sich vor einer zeitlosen Vernunft zu erweisen, wird das ganze Dasein gründlich aufgerüttelt, gesichtet und belebt, eine rationelle Kultur tritt mit freudiger Zuversicht der Überlieferung entgegen, die bis dahin in Herrschaft stand; das Denken wird dabei zum Maß aller Dinge und zum festen Pol in der Erscheinungen Flucht.

Aber so viel diese Bewegung geleistet hat, einen reinen Sieg hat sie nicht ergeben; ihrer Durchführung erwuchsen Schwierigkeiten, von innen wie von außen: von innen, weil die eigne Begründung des Denkens schwere Zweifel hervorrief und die Geister auseinandertrieb, von außen, weil das geschichtliche Werden mit seiner Unermeßlichkeit einer Umspannung und Bewältigung durch das Denken hartnäckigen Widerstand leistete und die versuchte Bindung immer entschiedener abwies. Wer ist der Träger des Denkens, wo entspringt es, und wie wirkt es? Descartes und die Aufklärung fanden kein Bedenken darin, das Individuum zu jenem festen Träger zu machen, eine wesentliche Gleichheit der Vernunft in allen war dann vorausgesetzt. Wurde diese Voraussetzung bestritten, und sie wurde gar bald bestritten, so war die Allgemeingültigkeit der Wahrheit und damit sie selbst erschüttert. Kant setzte solchem Zweifel die Annahme einer geistigen Struktur des Menschengeistes entgegen, die in großen Werken, vornehmlich dem Aufbau einer wissenschaftlichen Erfahrung und in der Erzeugung des Sittengesetzes, ersichtlich wird; aber gegen die Sicherheit und die Eindeutigkeit dieser Werke kann sich mancher Zweifel erheben, er wird dann auch jene gemeinsame Struktur treffen. Wenn

Hegel endlich das Denken zur allumfassenden und allbewegenden kosmischen Macht erhob, so gab er damit alle Anknüpfung an das unmittelbare Seelenleben preis und erhob den Menschengeist zu voller Absolutheit; diese mußte aber gerade im 19. Jahrhundert mit der wachsenden Erkenntnis der Enge und Gebundenheit des Menschen auf härtesten Widerstand stoßen. So entsteht das Dilemma, daß entweder das Denken mit der Bindung an den Menschen in die Unsicherheit und Zersplitterung hineingerät, die dem menschlichen Dasein anhaftet, oder aber, daß es bei Ablösung davon das eigne Vermögen überspannt und bei kühnem Ikarusflug schließlich ins Leere fällt.

Greifbarer noch als diese innere Verwicklung ist der Widerstand des geschichtlichen Lebens gegen den Herrscheranspruch eines zeitüberlegenen Denkens. Schon früh setzt dieser Widerstand ein, das Vordringen der historischen Denkweise verstärkt ihn, immer deutlicher zeigt die Erfahrung der Geschichte, daß die Unterschiede und Wandlungen der Zeiten sich wie in das Innere der Seele hinein, so auch in die Gestaltung des Denkens erstrecken, daß höchstens gewisse Elementarformen überall durchgehen, die ohne Bedeutung für den Inhalt des Lebens sind. Aus den Formen selbst suchte Hegel mit großartiger Kraft ein Weltgewebe hervorzuspinnen und in dies Gewebe den ganzen Bestand der geschichtlichen Wirklichkeit umzuwandeln. Aber nicht nur verblaßte dabei der lebendige Gehalt und die Individualität der geschichtlichen Bildungen, es entstand auch der härteste Widerspruch zwischen notwendigen Forderungen des Denkens und der Geschichte. Das Denken kann die Geschichte nicht in einen Gesamtanblick fassen, ohne sich ihr gegenüberzustellen und sie als abgeschlossen zu behandeln; damit aber fällt alle Möglichkeit einer Weiterbewegung, und es wird die Geschichte innerlich zerstört. Wahrt sich aber die Geschichte das Recht eines unbeschränkten Fortgangs, so wird von ihr aus das Denken als bloßer Ausdruck einer besonderen Zeit, »die Zeit in Gedanken gefaßt«, erscheinen; dann aber hat jede Zeit dasselbe Recht wie die andere, es gibt keine Möglichkeit einer Zusammenfassung und zugleich die einer Durchleuchtung der Geschichte vom Denken her. Führt jenes zu einem unerträglichen Stabilismus, so dieses zu einem nicht minder unerträglichen Relativismus. Im Gesamtlauf der Menschheit hat die geschichtliche Bewegung das ihr aufgedrängte Schema zersprengt, über das zeitlose Denken gesiegt und dem Relativismus Recht gegeben; so hat das Denken den Anspruch, von sich aus das Leben ins Feste und Ewige zu heben, nicht durchsetzen können.

Noch weniger ist das von der Natur aus mit Hilfe des Gesetzesbegriffes gelungen. Daß sich der modernen Forschung das Beharrende der Natur von den Gesamtgebilden in die Elemente und ihre Wirkformen verlegte, – nichts anderes sind die Gesetze –, das ist eine Verschiebung von höchster Bedeutung; das Beharren ist damit nicht aufgegeben, aber es wird dadurch sehr beschränkt, der Veränderung wird viel mehr Raum gewährt. Für das Geistesleben aber würden jene elementaren Gesetze nicht leisten, was bei unserem Problem in Frage steht. Denn alles Verlaufen des Geschehens in einfachen Grundformen gibt dem Leben keinen inneren Zusammenhang und unterwirft die Mannigfaltigkeit nicht gemeinsamen Zielen; alle Beharrlichkeit der Gesetze würde uns den wechselnden Strömungen des Lebens gegenüber wehrlos lassen; wir können nach derselben Logik denken und doch unter dem Einfluß verschiedener

Interessen und Gedankenmassen zu grundverschiedenen Ergebnissen kommen, wir können in denselben Formen denkend immer weiter in der Sache auseinandergehen.

So überzeugen wir uns, daß, was die Neuzeit auf ihrem Boden der Bewegung gegenüber an Festem entgegensetzt, entweder selbst in die Bewegung und den Streit hineingezogen wird, oder aber, soweit es unbestreitbar, den Forderungen des Geisteslebens nicht genügt, uns für Streben und Schaffen nicht den nötigen Inhalt gewährt. Das Gesamtergebnis ist also, daß die in der Neuzeit aufsteigende Bewegung kein hinlängliches Gegengewicht findet; so muß sie mit elementarer Kraft weiter und weiter vordringen und allen Widerstand auflösen. Unterstützt wird das weiter durch die rapide Beschleunigung des Lebens von außen her, welche die neueste Zeit durch den so viel rascheren Verkehr, die Erleichterung gegenseitiger Mitteilung, das Zusammendrängen der Menschen vollzogen hat und immer noch weiter vollzieht. So ist es vollauf begreiflich, daß auch innerhalb der Bewegungstendenz die schrofferen Formen mehr und mehr die milderen verdrängen, daß alles verblaßt und entfällt, was die älteren Fassungen an Beharrendem boten, was namentlich die eigentliche Entwicklungslehre als ein Sichselbstentfalten des Weltlebens enthielt. Mehr und mehr wird das Leben ein unablässiger Wandel, ein stetes Fallenlassen und Neuergreifen, ein jeder neuen Anregung Folgen, ein Dahintreiben mit dem Strom der Dinge. Wenn es sich damit ganz und gar in die unmittelbare Gegenwart verlegt, wie wir sahen, sich von allem Druck der Vergangenheit befreit und eine sonst ungekannte Leichtigkeit und Wandlungsfähigkeit gewinnt, so mag es sich mit solcher Wendung zur Modernität den Gipfel aller Zeiten dünken.

Aber auch hier bewährt sich, daß der äußere Sieg, das volle Durchdringen von Lebensmächten, den Beginn einer Wendung zu bilden pflegt, daß eben die Ausschließlichkeit die Grenzen zeigt, und daß damit innerlich unzulänglich, ja unerträglich wird, was äußerlich noch immer vordringt. Die Wendung wird zunächst in einem jähen Umschlag des Lebensgefühles bemerklich, der den Wert der Veränderung vollständig anders einschätzen läßt. Die Versetzung des Lebens in Bewegung erschien mit ihrer Erregung der Kraft, ihrem Erzeugen immer neuer Bilder, ihrem Entwerfen immer neuer Ziele, ihren unbegrenzten Möglichkeiten zunächst als ein reiner Gewinn, sie schien das Leben in höherem Grade zu einem eignen zu machen und den Menschen sich selbst unvergleichlich näher zu bringen. Diese Schätzung mag der Einzelne immer noch festhalten, sofern er, nur auf sein eignes Wohl bedacht, sich in den Strom des Lebens hineinwirft und in ihm weiterzukommen sucht. Aber als denkendes Wesen kann er nicht umhin, auch das Ganze zu überdenken und die Frage zu stellen, was alle Aufregung und Anspannung, alle Mühe und Arbeit das Ganze gewinnen läßt. Wenn er dann aber nicht versteckterweise andere Gedankenmassen zur Ergänzung heranzieht, so wird er die innere Leere, die Sinnlosigkeit dieses Lebens, die Auflösung aller Zusammenhänge nicht zu verkennen vermögen. An der Bewegung sah man bis dahin nur die eine Seite: das Entstehen von Neuem in unerschöpflicher Fülle, man sah nicht die andere: das ebenso rasche Verschwinden und die innere Verflüchtigung, die das Leben mit solchem Kommen und Gehen erfährt. Ein Leben bloßer Veränderung kann nicht froh und sicher in die Zukunft blicken, denn wo alle beharrenden Ziele fehlen, da liegt die Zukunft, ihrem geistigen Charakter nach, in tiefem Dunkel, da können wir nicht wissen, ob der morgende Tag nicht einen völligen Umschlag bringt. Ein solches Leben enthält keine feste Vergangenheit und daher auch keine Geschichte; denn der stete Wandel rückt unablässig die Dinge in wechselnde Beleuchtung, er muß das, was wir waren und taten, uns immer wieder entfremden, wir lösen uns selbst in wechselnde Bilder auf. Am wenigsten hat ein solches Leben eine echte Gegenwart, eine Gegenwart geistiger Art. Denn zu einer solchen genügt nicht die bloße Zeit, es bedarf dazu einer Erfüllung der Zeit mit einem Gehalt, wie ihn nur beharrende und zusammenhaltende Ziele zu gewähren vermögen. Jene völlige Bewegung aber zerlegt das Leben in immer kleinere Stücke, ja in einzelne Augenblicke, alles Haschen nach Gegenwart läßt hier schließlich nur die Meinung, den Schein einer Gegenwart erreichen. So aber droht überhaupt dies Leben, wenn es keinerlei Gegenwirkung erfährt, bei aller Regsamkeit immer mehr ein bloßes Begehren des Lebens, ein Halb- und Scheinleben zu werden. Nehmen wir hinzu, was zu oft geschildert ist, um uns hier beschäftigen zu sollen, daß jene Auflösung aller Zusammenhänge unvermeidlich die innere Verarbeitung der Eindrücke und Erlebnisse hemmt und das Leben und Streben mehr und mehr an die Oberfläche treibt, es immer wehrloser und abhängiger von außen macht, ferner auch dieses, daß die einzelnen Bewegungen auf den verschiedenen Gebieten, bei den Menschen, ja auch innerhalb des einzelnen Menschen sich leicht miteinander widersprechen, einander durchkreuzen und sich gegenseitig stören, so muß eine Ermüdung, ja ein Überdruß an all dem wirren und schließlich leeren

Getriebe aufkommen, um sich greifen und eine Sehnsucht nach mehr Ruhe, nach mehr Selbständigkeit: des Lebens erzeugen. In merkwürdiger Weise sehen wir eben in unserer Zeit die alte Mystik von neuem Anziehung üben und die indischen Religionen mit ihrer Ablösung des Menschen von den Sorgen und Wirren der Zeit mannigfache Freunde auch im Westen gewinnen; sollte das nicht mit jenem Umschlag des Lebensgefühles zusammenhängen?

Nun besagt ein solcher Umschlag an sich nicht viel, mag er doch selbst dem regellosen Auf- und Abwogen angehören, worin die bloße Bewegung das Leben verwandelt. Nur insofern kann er von Nutzen sein, als er eine unbefangenere Schätzung des Gesamtproblems gestattet und die Einseitigkeit der Schätzung überwindet, unter der wir bis dahin litten. So geschieht es oft im menschlichen Leben: Bewegungen kommen auf, ergreifen die Gemüter, reißen sie unwiderstehlich mit sich fort. Man gewahrt an ihnen nur die Leistung, nirgends die Schranke, nur das Vordringen, nicht die Voraussetzung, nur die Gesamtrichtung, nicht die Probleme und vielleicht gar Widersprüche der näheren Fassung; so sind sie gegen alle Angriffe gefeit, und kein Aufweis von Mängeln und Fehlern kann ihnen etwas anhaben; alle nüchterne Erwägung kommt zunächst gegen den Zustand der Berauschung nicht auf, der die Menschheit befallen hat. Aber schließlich wird doch eine Schranke empfunden, und dann verfliegt rasch die Anziehungskraft; was immer jene Bewegung an Problemen enthielt, tritt nun mit voller Klarheit hervor, es liegt dann nahe, zu unterschätzen, ja ungerecht zu behandeln, was lange Zeit überschätzt war. Einen solchen Umschlag erfahren wir heute gegenüber dem Unternehmen, das Leben in bloße Bewegung zu verwandeln, wir erfahren es freilich erst auf der Höhe der geistigen Arbeit, nicht bei der breiten Masse, die den Bewegungen nachzuhinken pflegt, und die etwas dann erst im Entstehen glaubt, wenn es zu ihrer Kunde gelangt. Klar wird uns mehr und mehr die Voraussetzung, unter der allein jene Bewegungstendenz die Führung des ganzen Lebens an sich zu nehmen vermochte, es ist die Voraussetzung, daß die Bewegung ein sicheres und unablässiges Aufsteigen ist, daß sie alle Hemmungen, die ihr begegnen oder die sie aus sich selbst erzeugt, aus eignem Vermögen überwinden kann; nun und nimmer dürfen aus ihr Verwicklungen hervorgehen, denen gegenüber sie wehrlos ist. Sofern sich das zu einem Gesamtbilde von Welt und Geschichte erweitert, enthält es die Forderung nicht nur eines vernünftigen Grundbestandes unserer Wirklichkeit, sondern auch des Vermögens des Menschen, sich seiner vollauf zu versichern; ein Rationalismus und Optimismus ist hier nicht zu entbehren. Gegen diesen haben sich aber nicht nur von außen her die mannigfachsten Bedenken erhoben, auch von innen her will er uns leicht als flach und unwahr erscheinen. Steht uns doch deutlich vor Augen der harte, ja wilde Kampf ums Dasein in der Natur wie bei der Menschheit, die Gebundenheit und die Unsicherheit des schaffenden Lebens in der Welt, der wir angehören, vor allem aber die Unzulänglichkeit des Menschen für die geistigen Aufgaben, an denen der Wert seines Daseins hängt, der weite Abstand echter Geisteskultur von dem, was die Menschen Kultur zu nennen belieben. Auch bei der neueren Gestaltung jenes Daseins ist uns die Voraussetzung unsicher geworden, worauf die Deutung der Geschichte als einer zur Vernunft aufsteigenden Entwicklung ruht, die Voraussetzung nämlich, daß die Bewegung von einem festen Ausgangspunkt her in sicherem Zuge ihrem Ziele zustrebt, daß aller Zweifel nur die nähere Gestaltung trifft, nicht sie als Ganzes in Frage stellt. Denn der eigne Stand der Gegenwart mit seiner völligen Unsicherheit über letzte Ziele des Menschen und über den Sinn seines Daseins erweist zur Genüge, daß der Zweifel sich auch auf das Ganze erstreckt, und daß auch das Ganze, um zu uns zu wirken, unserer fortlaufenden Anerkennung und Aneignung bedarf. Ist aber dies der Fall, so kann die Entwicklung nicht das letzte Wort bedeuten, so tritt vor die Entwicklung die Tat und Entscheidung. Zugleich wird klar, welche Schwierigkeiten im Verhältnis von Tat und Entwicklung liegen, und wie leicht die Entwicklung mit dem Grundbegriff der Geschichte feindlich zusammenstoßen kann. Wo Entwicklung herrscht, da weist die Ordnung des Ganzen der einzelnen Stelle ihre Leistung zu, da schreibt sie ihr die Richtung vor, da gibt es kein Wählen und Entscheiden. Ohne ein solches kann aber keine Geschichte im eigentümlich menschlichen Sinne entstehen. Von geschichtlicher Entwicklung zu reden, ist genau betrachtet ein Unding; wo Entwicklung, da ist keine wahrhaftige Geschichte, und wo Geschichte, keine Entwicklung. Denn zur Geschichte bedarf es der eignen und freien Entscheidung, diese aber wird durch die Entwicklung ausgeschlossen.

Vor allem aber stellt eben der Versuch der Verneinung mit zwingender Deutlichkeit die alte Wahrheit heraus, daß zum Wesen geistigen Lebens eine Erhebung über die Zeit gehört, daß ohne sie das Wahre der bloßen Meinung, das Gute der bloßen Nützlichkeit, überhaupt aber alles selbständige Leben, dem bloßmenschlichen Tun und Treiben untergeordnet und aufgeopfert wird. Solche Verzerrung des Lebens kann schließlich auch der Mensch nicht ertragen, da sie alles, was ihn von der bloßen Natur unterscheidet, des Zweckes und Sinnes beraubt und sein Leben zu völliger Leere verdammt. Leere aber ist noch schwerer zu ertragen als Schmerz. So treibt uns schon das Verlangen nach Glück immer wieder zur Forderung einer zeitüberlegenen Wahrheit und zwingt zugleich die geistige Arbeit, im besonderen auch die Philosophie, zu ihrer Sicherung Wege zu suchen.

Wir sahen, daß wir uns unmöglich in das Mittelalter versetzen können; was aber vom Mittelalter, das gilt von allen Epochen und Leistungen der Vergangenheit; sie mögen uns fördern, wenn wir ihnen eine Selbständigkeit entgegenzusetzen haben und sie damit in eignes Leben verwandeln können, sie ersetzen uns nie und nimmer die fehlende Selbständigkeit. Wir sind heute geneigt, den dringenden Problemen der Gegenwart dadurch auszuweichen, daß wir irgendwelchen Höhepunkt der Vergangenheit ergreifen, ihn unbedingt verehren, von ihm aus die Gegenwart zu ergänzen und befestigen suchen; indem wir dabei die Berührungspunkte hervorkehren, die Unterschiede aber zurückstellen, vergessen wir, daß die Gegenwart viel zu eigentümliche und viel zu schwere Aufgaben stellt, als daß sie sich auf jenem Umwege lösen oder auch nur wesentlich fördern ließen. Die Flucht zur Geschichte in dieser Art, wie sie heute alle Gebiete geistigen Schaffens zeigen, ergibt höchstens ein Surrogat von eignem und wahrhaftigem Leben; ein solcher Ersatz ist besser als nichts, aber er erzeugt den Wahn eines Besitzes, wo wir innerlich arm sind, er droht damit unser Leben halbwahr, ja unwahr zu machen.

So bedarf es einer Überwindung der entstandenen Verwicklung, notwendig ist ein selbständiges Weiterarbeiten der Menschheit, die Herstellung einer neuen Lage durch eigne Kraft. Immer zwingender wird die Forderung eines neuen Typus des Lebens wie der Kultur; wie die jetzige Krise aus dem Ganzen des Lebens hervorging, so kann auch nur eine Weiterbildung des Ganzen sie überwinden. Innerhalb des Ganzen aber muß die Philosophie zunächst dahin streben, die Zeit von dem Wahn der Fertigkeit zu befreien, offne Bahn für weitere Möglichkeiten zu schaffen, die innerlich stockende Bewegung wieder mehr in Fluß zu bringen. Diese Aufgabe verlieh einer weltgeschichtlichen Betrachtung wie überhaupt, so auch beim Problem des Beharrens und der Veränderung einen eigentümlichen Wert; sie führte den Blick ins Weite, sie entrollte mannigfachste Beziehungen und Forderungen, die unser Dasein enthält, sie kann mit der Herausstellung der Erfahrungen der weltgeschichtlichen Bewegung der eignen Arbeit bestimmtere Angriffspunkte zeigen.

Das weltgeschichtliche Streben ging bei unserem Problem nicht in einer einzigen Hauptrichtung fort, sondern es vollzog einen völligen Umschwung; hatte zunächst das Beharren das sichere Übergewicht und befestigte es sich darin im Lauf der Zeit immer mehr, bis die eigne Tätigkeit zu stocken drohte, so brachte die Neuzeit die Bewegung zur Herrschaft und veränderte damit alle Maße und Werte. Die Erfahrung der Menschheit ließ aber darüber keinen Zweifel, daß die Ausschließlichkeit oder auch nur Vorherrschaft der Bewegung den geistigen Charakter des Lebens aufs schwerste gefährdet; so wird eine Verständigung beider Tendenzen zur zwingenden Forderung. Es zeigte sich, daß die Bewegung im menschlichen Bereich ihren geistigen Charakter einbüßt und ein wirres Durcheinander wird, wenn sie keinen festen

Halt und beherrschende Ziele hat; wir sahen zugleich, daß es im modernen Lebensstand nicht an einer Gegenwirkung fehlt, daß diese Wirkung aber nicht stark und durchgreifend genug war, um einen inneren Zerfall des Lebens zu verhüten. Haupttypen des Lebens weltgeschichtlicher Zusammenhänge eröffneten sich – wir nannten sie früher Syntagmen –, so wurden namentlich solche Lebensordnungen der Form, der Seelenhaltung, der Kraftentwicklung ersichtlich, aber das Zusammentreffen dieser verschiedenen Ordnungen drohte das Ganze des Lebens in einzelne Strömungen aufzulösen und zugleich der bloßen Zeit die Herrschaft über die Ewigkeit zu geben; statt der einzelnen Wahrheit erhielten wir dann verschiedene Wahrheiten, die sich gegenseitig befehden müssen. Diesen Verwicklungen ist nur zu begegnen durch eine Vertiefung und Befestigung des Gesamtlebens, unmöglich kann es in einzelne Phasen zerfallen, es kann sich selbst nur behaupten, wenn es in sich selbst eine Überlegenheit gegen die bloße Zeit hat, ein Apriori, das allen besonderen Leistungen voransteht; eine solche Überlegenheit einer Einheit ist die Voraussetzung alles geistigen Lebens, aber zugleich enthält sie die Aufgabe, die verschiedenen Lebensbildungen einem Ganzen einzufügen und damit nicht bloß eine formale, sondern eine charakteristische und gehaltvolle Einheit anzustreben. Lebensordnungen, wie sie von der Form, der Seelenhaltung, der Kraftentwicklung entstanden, müssen von einem Ganzen des Lebens umfaßt sein und zugleich von dem, was an ihnen angreifbar ist, befreit werden. Kurz, wir bedürfen einer überzeitlichen Grundlage, auf der nach einer Ausgleichung und einer gegenseitigen Erhöhung zu streben ist. Das Mannigfache und Zeitliche muß sich uns in zeitüberlegener Weise erweisen, dieses Ewige ist aber für uns keine fertige und geschlossene Größe, es ist mit seinen Zielen eine fortlaufende, uns weiter und weiter erhöhende Aufgabe. So entrinnen wir dem Widerspruch der Hegelschen Art, einerseits den Verlauf der Bewegung als schon abgeschlossen zu erklären, andererseits eine unbegrenzte Veränderung zuzulassen; für uns ist die Geschichte weder eine fertige Ordnung, noch eine ins Unbestimmte verlaufende Bewegung, sondern ein Sichaufringen ewiger Wahrheit auf dem Boden und durch die Mittel der Zeit hindurch. Nunmehr gewinnt die Bewegung ein festes Ziel, und es kann eine Geschichte, die der Entfaltung einer beharrenden Wahrheit dient, nicht ein bloßes Nacheinander der Zeiten sein, sie wird ein allmähliches Heraustreten aus der Zeit und ein fortschreitender Aufbau einer zeitüberlegenen Gegenwart; bei einer solchen Art der Geschichte hat die Betrachtung nicht wehrlos dem Laufe der Zeiten zu folgen, sondern sie vermag am Gehalt der Geschichte das, was der bloßen Zeitlage angehört, von dem zu scheiden, was ewiger Art ist und dauernd zu wirken vermag; eine solche Befassung mit der Geschichte kann zu einer Befreiung von der bloßen Geschichte und zur Eröffnung einer zeitüberlegenen Gegenwart werden. Menschengeschichte und Geistesgeschichte können sich nun deutlich scheiden.

Eine solche Behandlung der Geschichte kann nicht aufkommen und vordringen, ohne der Welt wie dem Menschenwesen eine größere Tiefe gegen den ersten Anblick zu geben. Der Widerspruch, daß in dieser im Werden befindlichen und der Herrschaft der Zeit unterworfenen Welt eine zeitüberlegene Wahrheit erscheint und wirkt, ist nur zu überwinden, wenn diese Welt eine ewige Ordnung hinter sich hat und mit dem, was an ihr geistiger Art ist, der Entfaltung jener Ordnung dient. Bei lebendiger Gegenwart einer solchen Tiefe innerhalb unserer Welt können wir namentlich bei allem Großen durch die Hülle der Zeit hindurch ein der Welt überlegenes, daher allen Zeiten wertvolles Leben und Bilden erkennen. Was eine Persönlichkeit wie Plato an Lehren formulierte und an politischen Vorschlägen machte, dazu wird sich heute kaum noch jemand bekennen; wenn wir trotzdem Plato in höchsten Ehren halten und ihn als einen unter uns in lebendiger Gegenwart Wirksamen behandeln, so müssen wir eine schaffende Kraft, eine eigentümliche Lebensgestaltung platonischer Art anerkennen, die in jenen Lehren und Vorschlägen sich zeitlich verkörperte, sich aber keineswegs darin erschöpfte. Ähnliches gilt auch von Gesamtbewegungen des geschichtlichen Lebens. Nicht nur die Vorstellungen und Dogmen des älteren Christentums, auch die Gefühle und Stimmungen der Menschheit, die uns begleiten, sind uns vielfach nach der Seite des Menschen fremdartig geworden, aber dadurch wird keineswegs ausgeschlossen, daß die von ihm vollzogene Eröffnung des Lebens eine unzerstörbare Jugendkraft wahre und den Zeiten immer von neuem zur Aufgabe werde. Nur darf unser Leben nicht in einer einzigen Fläche verlaufen, in der Zeitliches und Ewiges, Bloßmenschliches und Geistiges zusammenrinnen, vielmehr muß sich in ihm kraft der Selbständigkeit des Lebens eine innere Abstufung vollziehen, eine Abstufung, die den geistigen Gehalt und die menschliche Aneignung sowohl scheidet als wiederverbindet. Da für den vollen Besitz des Menschen jener Gehalt erst gewonnen sein will, so wird hier eine Bewegung entstehen, aber sie wird nicht als ein Hasten in eine unbegrenzte Ferne, sondern als ein Streben des Lebens zu sich selbst, als eine Vollendung und Erhöhung des eignen Wesens erscheinen.

Wie diese neue Art der Behandlung der Geschichte, diese esoterische Art, wie sie heißen könnte, durchgängig den Anblick umgestaltet, so wird sie es auch beim Problem von Beharren und Bewegung erweisen, sie läßt auch hier die früheren Zeiten nicht als eine bloße Vergangenheit erscheinen, sondern als etwas, das uns durch eine Gemeinschaft der Arbeit verbunden bleibt und zum Aufbau einer zeitüberlegenen Gegenwart mitwirkt. Die antike Denkweise konnte nur deshalb so sehr beim Beharrenden verbleiben, weil sie den Weltstand als normal, als keiner wesentlichen Veränderung bedürftig erachtete, und weil sie das Leben in der Erhebung zu einem vollendeten Kunstwerk ganz und gar bei sich selbst zu befriedigen glaubte. Spätere Erfahrungen haben gezeigt, daß dabei voreilig abgeschlossen wurde, und daß im besondern das menschliche Leben viel zu viel Verwicklungen und Widersprüche enthält, um sich unmittelbar zu voller Harmonie zusammenzufinden. Aber so sehr uns solche Erfahrungen über den geschichtlichen Befund des Altertums hinaustreiben, sein Streben enthält unverlierbare und unentbehrliche Züge, es enthält namentlich in der Schätzung der lebendigen Gestalt einen beherrschenden Mittelpunkt, der alle Weiten und Tiefen erhöht und veredelt. Es vollzieht eine kräftige Lebensbejahung und scheidet diese zugleich deutlich von allem rohen Naturtrieb, es bekennt einen festen Lebensglauben und schöpft daraus Kraft, Frische und Freude; es widersteht einem bloßen Sicheinspinnen des Menschen in das bloße Menschentum und verbindet ihn eng mit der großen Welt, es gibt ihm eine volle Offenheit dafür und läßt ihn unmittelbar mit allem Reichtum der Dinge verkehren. Vor allem bringt es die Welttatsache der Gestaltung zu voller Anerkennung; diese ist uns schon deshalb durchaus notwendig, weil unser Leben erst im Suchen und Werden begriffen ist und es deshalb der Formgebung als eines hilfreichen Werkzeuges bedarf, um seinen vollen Gehalt herauszuarbeiten. So hat das griechische Altertum das menschliche Leben nicht bloß durch einzelne wertvolle Züge bereichert, sondern es gibt ihm auch als einem Ganzen einen starken Antrieb und eine unentbehrliche Wegweisung, es bildet damit ein Hauptstück des universalen Schaffens und hat darin einen zeitüberlegenen Wert, es bleibt mit allen seinen Schranken und Gefahren eine unversiegliche Quelle des Lebens.

Das Christentum ist die Lebensordnung einer schweren Verwicklung und einer weltüberwindenden Liebe. Es enthält sicherlich manches Bloßzeitliche, und es fordert in seiner näheren Fassung vielen Widerspruch heraus, aber von allem Wechsel und Wandel der Zeiten bleibt unberührt seine Grundwahrheit: sein Aufdecken eines tiefen Zwiespalts, der nicht nur das menschliche Leben, sondern die ganze Welt zerreißt; zugleich aber seine Hinaushebung eines Reiches reiner Geistigkeit, ewiger Wahrheit, allesbeseelender Liebe. Hier erwächst ein neues, rein innerliches Leben aus dem Verhältnis von Lebenseinheit zu Lebenseinheit, von Persönlichkeit zu Persönlichkeit. Das beherrschende Zentrum dieses Lebens ist der Gedanke der Teilnahme Gottes am Leid der Welt und des Menschenlebens; damit entstehen ungeheure Probleme, und es wird aller Rationalismus der bloßen Weltanschauung aufs gründlichste zerstört. Alles hängt hier an dem einen Gedanken, daß sich der Menschheit ein von ewiger Wahrheit getragenes Leben und sicherer Tatsächlichkeit eröffnet hat, daß erlösende Liebe von aller Not und Schuld befreit und alle Zweifel überwindet. Das ganze Christentum ist eine große Frage, aber diese Frage entscheidet darüber, ob die Menschheit eine selbständige Innerlichkeit, ein Reich des Geistes, trotz alles harten Widerspruchs des Daseins, aufrecht halten kann, oder ob sie alles aufgeben muß, was ihr eine geistige Selbsterhaltung gewährt. Schon als eine solche Frage enthält das Christentum eine allen Zeiten überlegene Wahrheit. Der hier eröffnete Gegensatz des Ja und Nein hat eine unermeßliche Aufrüttelung in den tiefsten Grund des Lebens gebracht und das Gleichgewicht des menschlichen Lebens für immer zerstört; das kann nie wieder verschwinden. So wird hier die Menschheit eben durch die Kämpfe innerhalb der Zeit über die bloße Zeit hinausgeschoben.

Auch über den bleibenden Wert der Neuzeit kann nicht der mindeste Zweifel walten. Mensch und Welt scheiden sich nunmehr weit deutlicher voneinander, die Welt erhebt sich selbständiger gegen den Menschen, sie darf nun nicht mehr von bloßmenschlichen Interessen und Begriffen beherrscht werden; zugleich aber schließt der Mensch sich fester und selbständiger im eignen Kreis zusammen; so wächst er an der Welt, und die Welt enthüllt seiner gesteigerten Kraft weitere Tiefen. Es vollzieht sich eine große Wandlung, indem die unmittelbare Gegenwart eines schaffenden Lebens im Menschen vollauf anerkannt wird. Der Hauptträger des Lebens wird nunmehr das in seiner Selbständigkeit voll gewürdigte Denken, es löst sich hier von der seelischen Lage der Menschen ab und wächst zu einem volltätigen Schaffen, es gewinnt dadurch eine eigne Gesetzlichkeit wie eine eigne Triebkraft, es wird zu einer souveränen Macht, welche einen

Aufbau der ganzen Wirklichkeit unternimmt. Der Mensch darf sich hier als Träger der Vernunft, eines weltbeherrschenden und weltdurchdringenden Vermögens, als den Herrn der Dinge fühlen. Hier verbinden sich die Ideen der Freiheit und der Macht und wirken zusammen dahin, unendlich viel zu wecken, unendlich viel umzugestalten. Daraus entsteht eine neue Art der Gedankenarbeit, freier und kühner als je zuvor, ein Ringen von Ganzem zu Ganzem, eine Umwandlung nicht nur des Weltanblicks, sondern auch der Weltlage. Mögen aus solchen Verschiebungen schwere Probleme und Verwicklungen erwachsen, das Ganze läßt sich unmöglich zurücknehmen, es hat allem weiteren Leben einen Hauptzug eingefügt; allen Zweifeln widersteht die Tatsache des Hervorbrechens einer neuen Lebenseröffnung, die nach allen Richtungen klärend, kräftigend, erhöhend wirkt. Eine derartige Tatsache steht über dem Wandel der Zeiten, einmal geoffenbart, muß sie durch alle Zeiten gehen.

Alles aber, was wir bei diesem Überblick sahen, faßt sich uns in eine Aufgabe und eine Forderung zusammen: wir bedürfen eines charakteristischen Gesamtlebens, das über den einzelnen Lebensentwicklungen steht, das sie zu einer wahrhaftigen Einheit verbindet, dies aber nicht durch einen bequemen Kompromiß, sondern durch eine gründliche Auseinandersetzung und eingreifende Arbeit; wir finden eine derartige Einheit nicht als ein gegebenes Faktum vor, sondern wir müssen sie mit aller Einsetzung unserer Kraft erst erringen, wir können das aber nur unter der Voraussetzung, daß von einem überlegenen Grunde aus jene Einheit zu uns wirkt, uns über die Zerstreuung der Zeiten hinaushebt, unsere Kraft erhöht, unserm Streben eine feste Richtung gibt. Ohne eine solche überlegene Einheit muß uns das Leben mit seiner Kultur hoffnungslos auseinanderfallen; so ist ein Vordringen zu diesem beharrenden Punkt, so ist eine wesentliche Umwandlung des Lebens zu einer umfassenden und zeitüberlegenen Einheit die dringendste Frage, welche jetzt an uns kommen kann. Wenn irgendwo, so müssen wir hier weiterkommen und uns über uns selbst erheben.

AUSSENWELT UND INNENWELT

Naturalismus und Idealismus

Nichts treibt den Menschen mit so zwingender Kraft zur Philosophie als ein Widerspruch, der sich bei ihm selbst eröffnet und ihm sein eignes Leben und Wesen unsicher macht. Wir finden uns zunächst als sinnliche Wesen, als ein Stück einer sichtbaren Welt, die uns mit unablässigen Eindrücken und Forderungen umfängt; zugleich aber lehrt uns jede Selbstbesinnung, daß wir direkt nie Dinge draußen, sondern stets nur unseren eignen Zustand erleben, daß daher was sich uns als eine jenseitige Wirklichkeit entgegenstellt, von innen her entwickelt sein muß. So entstehen zwei Reiche und Welten, die sich nicht unmittelbar zusammenfügen lassen, deren eine die andere unter sich zu bringen, ja möglichst ganz in sich aufzunehmen beflissen ist: die sinnliche Welt behandelt das Seelenleben als ein nachträgliches Erzeugnis oder auch als ein bloßes Spiegel- und Schattenbild, die seelische möchte umgekehrt die sinnliche zu einer bloßen Erscheinung herabsetzen, die den Kreis des Innern nicht überschreitet. Je nachdem die Entscheidung fällt, wird sich der Gesamtanblick des Lebens völlig anders gestalten, werden uns andere Güter erfreuen, andere Ziele beherrschen, ja es wird sich das leicht zu dem vollen Gegensatz verschärfen, daß was von der einen Seite her wertvoll und unerläßlich, von der andern her verkehrt und verwerflich dünkt. Die Steigerung sinnlichen Wohlseins galt den einen als Gut aller Güter, den anderen als eine Hemmung des Strebens zum rechten Ziel, die Versenkung in eine Innenwelt war den einen der Gipfel des Lebens, den andern ein Verfallen ins Vage und Leere. Wo sollen wir nun unser Wesen suchen, was sind wir und was sind wir nicht? Das ist ein Problem, das sich nun und nimmer zurückstellen und der Zukunft überweisen läßt; so gewiß wir heute leben und heute befriedigt sein wollen, so zwingend fordert es jetzt unsere Entscheidung. Nun stellt uns der unmittelbare Eindruck unter einen unversöhnlichen Gegensatz, wir müssen also über ihn hinaus, und wer anders kann uns hier helfen als die Philosophie?

In Wahrheit hat die Philosophie von jeher des Problems sich angenommen, um so mehr da die Art seiner Lösung auch über ihre eigne Gestaltung entscheidet, sie hat es vornehmlich in der Neuzeit getan. Denn die Klärung der Lage und die Schärfung des Gegensatzes, welche die Aufklärung mit ihrer Scheidung von Innerem und Äußerem, von Bewußtem und Ausgedehntem brachte, drängte zwingend zu einer bestimmten Entscheidung, man suchte eine solche zu finden, indem man die verschiedenen Möglichkeiten der Lösung abwog. Diese Möglichkeiten waren und sind aber leicht zu übersehen. Die beiden Welten scheinen ihrem Inhalte nach grundverschieden, in der Erfahrung des Lebens aber untrennbar miteinander verbunden; hat nun die Sorge um die volle Wahrung der Eigentümlichkeit beider oder die um den Zusammenhang voranzugehen? Wer sich für jenes entscheidet, der muß den Dualismus als Abschluß betrachten, wer dagegen an erster Stelle um den Zusammenhang besorgt ist, der wird eine dem Gegensatz überlegene Einheit fordern. Zur Lösung bieten sich dann drei verschiedene Wege. Entweder gilt die Körperwelt für die ausschließliche Wirklichkeit, und es wird alles Seelenleben aus ihr abgeleitet, oder das Seelenleben wird zur einzigen Welt, die auch das Körperliche in sich trägt, oder es wird eine beide Seiten umfassende Einheit erstrebt, als deren Entfaltung, Äußerung, Erscheinung jene sich darstellen; so treten neben den Dualismus der Materialismus, der Spiritualismus und der Monismus im engeren Sinne. Indem jeder dieser Versuche den Kern der Wirklichkeit an eine andere Stelle verlegt, stellt er manches in helleres Licht und fügt er sonst Zerstreutes zusammen, aber es stößt auch jeder auf eigentümliche Widerstände, die er irgendwie zu überwinden suchen muß. Unsäglich viel Arbeit ist daran gewandt, aber noch immer schwankt die Sache hin und her, und immer von neuem glaubt der eine den andern endgültig widerlegen zu können.

Der Dualismus mit seiner Scheidung von Körper- und Seelenwelt ist besonders geeignet, die Eigentümlichkeit jeder der beiden Seiten voll zu entfalten, er darf sich der Klarheit und Schärfe seiner Begriffe rühmen, aber aufs schroffste widerspricht ihm ein Einheitsverlangen, indem sowohl die Erfahrung des engen Zusammenhanges von Körper und Seele, als die Kunst mit ihrer engen Verflechtung beider, als das Denken mit seinem Bestehen auf einer letzten Einheit des Weltalls dabei zusammentreffen. Der Materialismus hat für sich den unmittelbaren Eindruck und die Handfestigkeit der sinnlichen Welt, die scheinbare Einfachheit und die Vermeidung aller Metaphysik, die unbestreitbare Gebundenheit aller seelischen Vorgänge an körperliche Bedingungen; seiner Wirkung unter den Menschen aber kommt besonders zugute, daß er im Streit der Geister die schärfste Waffe gegen den Druck veralteter Gedankenmassen, gegen Unterdrückung und Aberglauben zu liefern scheint. Es widerspricht ihm aber die völlige Unvergleichlichkeit der seelischen Gebilde, der Einheit und Innerlichkeit des seelischen Lebens mit dem, was im Reich der Massen und Bewegungen geschieht, sowie der Aufbau eines eigentümlich geistigen Lebenskreises im geschichtlich-gesellschaftlichen Dasein, es widerspricht ihm weiter das Zurückweichen und Unsicherwerden der Außenwelt, das alle erkenntnistheoretische Besinnung mit sich bringt; von hier aus können wir uns unmöglich der Einsicht verschließen, daß das Bild der Natur uns keineswegs von außen her als eine fertige Tatsache zufällt, sondern daß es sich von unserem eignen Denken aus und unter dem Einfluß unserer geistigen Organisation gestaltet; ja das Verkennen der Tatsache, daß wir die Welt nicht fertig finden, sondern sie von uns aus bauen und bilden, droht den Materialismus zu einer unwissenschaftlichen Meinung herabzusetzen. Der Spiritualismus macht die entgegengesetzte Erfahrung. Er bringt die Überlegenheit des seelischen Erlebnisses vollauf zur Geltung, und er zeigt viel logische Schärfe in der Durchführung seiner Grundgedanken, aber es gelingt ihm nicht, das Eigentümliche dessen, was sich als sinnliche Empfindung von der reinen Innerlichkeit abhebt, verständlich zu machen; mag er die Kluft in die Seele selbst verlegen, sie wird damit nicht überwunden, sie wird vielmehr noch unerträglicher. – Der Erkenntnis aber, daß die beiden Reihen nicht aufeinander zurückführbar sind, und daß sie zugleich doch irgendwelchen Zusammenhang fordern, scheint am besten der Monismus zu entsprechen, indem er die beiden in verschiedene, aber einander parallele Seiten eines einzigen wesenhaften Geschehens verwandelt. Denn so wird sowohl für die Einheit gesorgt als auch die Verschiedenheit gewahrt; so scheint hier ein volles Gleichmaß der Schätzung und Stimmung erreicht. Schade nur, daß alle schärfere Prüfung alsbald zeigt, daß der Gegensatz nur versteckt und zurückverlegt, nicht aber überwunden ist. Denn der erstrebte Parallelismus der beiden Seiten läßt sich nun und nimmer erreichen, bei jeder näheren Durchbildung des Grundgedankens hebt sich die eine als die Hauptsache heraus und macht die andere zur Nebensache; wir können die geschichtlichen Gestaltungen des Monismus nicht betrachten, ohne zu gewahren, daß sie entweder dem Materialismus oder dem Spiritualismus sich näherten und schließlich in ihn übergingen, ja daß wohl bei demselben Denker die beiden Fassungen zusammentrafen und durcheinanderliefen. So war es vornehmlich bei Spinoza der Fall, dessen Hauptwerk in der Grundlegung ebenso unverkennbar materialistisch geartet ist wie im Abschluß spiritualistisch. So sinkt der Monismus in dieselbe Verwicklung zurück, die er überwinden wollte.

Demnach durchkreuzt sich beim Gesamtproblem ein zwiefacher Gegensatz: wir kämpfen, ob Einheit oder Vielheit, und wir kämpfen, wo die Einheit zu finden sei. Das eine greift in das andere zurück, und der Streit treibt die Geister eher immer weiter auseinander, als er sie zusammenbringt. Wie oft hat hier der eine den anderen »widerlegt«! Aber der Besiegte und, wie es schien, Vernichtete, erhob sich immer von neuem und sammelte wieder neue Kraft; hat alle »Widerlegung« des Materialismus verhindert, daß er heute in größter Verbreitung steht? Verrät solche Ergebnislosigkeit des wissenschaftlichen Streites nicht, daß jene Erörterungen die Sache nicht an den Entscheidungspunkt bringen, daß dieser vielmehr weiter zurückliegt? Schließlich ist es die Fassung des Ganzen des Lebens, die dem Denken seine Bahnen weist und seine Hauptrichtung bestimmt.

Damit verlegt sich das Problem vom Denken ins Leben und verändert zugleich seinen Anblick. Denn wenn wir fragen, ob das Leben draußen oder drinnen seine Stellung zu nehmen und sich demgemäß zu gestalten habe, so gilt es nicht ein vorhandenes Geschehen zu deuten, sondern das Geschehen erst aufzubringen. Es wird uns nämlich das Leben nicht ohne unser Zutun als ein Ganzes gegeben, sondern es stellt sich zunächst als ein Nebeneinander und Nacheinander einzelner Vorgänge dar, die Verbindung zum Ganzen ist ein Werk des denkenden Geistes, sie ist ein Versuch, ein Wagnis, das sein Recht erst zu erweisen hat. Es kann das aber letzthin nicht durch eine Leistung nach außen hin, sondern nur dadurch erweisen, daß die versuchte Lösung alle Mannigfaltigkeit zusammenfaßt und zum Ganzen eines einzigen Lebens verbindet; das muß eine durchgängige Erhöhung bewirken und das Leben, das sonst nur an uns vorgeht, allererst vollauf zu unserem eignen machen; auch kann nur eine solche Synthese die Unbestimmtheit der Anfangslage überwinden und dem Leben einen ausgeprägten Charakter verleihen.

Nun gewährt aber dies Problem verschiedene Möglichkeiten der Verbindung. Zunächst kann das sinnliche Dasein, das uns so sicher umfängt und uns schon durch die Notwendigkeit einer unablässigen Lebenserhaltung zwingend an sich kettet, der eigentliche Schauplatz des Lebens werden, es wird dann alles, was das menschliche Seelenleben an Eigentümlichem hat, als ein bloßes Mittel und Werkzeug behandeln, uns mit jener Welt enge zu verbinden, sie in weiterem Umfange anzueignen, reicheren Gewinn aus ihr zu ziehen, als es auf der tierischen Stufe möglich ist. Andererseits hat das im geschichtlich-gesellschaftlichen Zusammensein der Menschheit eine Erhebung über das sinnliche Dasein vollzogen und in immer reicherer Verzweigung ein Leben unsinnlicher Art gebildet; wo das Ganze seinen beherrschenden Mittelpunkt in diesem Neuen sucht, da hat das sinnliche Dasein sich unterzuordnen, da wird es nur so weit Wert gewinnen, als es der Entfaltung jenes anderen Lebens dient. Daraus erwächst als der Hauptgegensatz der einer naturalistischen und einer idealistischen Lebensführung und Kultur. Eine weitere Spaltung entsteht dadurch, daß das Verhältnis des Idealismus und Naturalismus sich zwiefach gestalten kann. Entweder nämlich kann das Neue, das der Idealismus vertritt, bei aller Überlegenheit gegen das sinnliche Dasein ein freundliches Verhältnis zu ihm suchen und einen engen Zusammenhang mit ihm erstreben, oder aber es wird sich in schroffer Abhebung von ihm gestalten und durchaus selbständige Wege wagen. Jener Idealismus könnte ein immanenter, dieser ein supranaturalistischer heißen. Um die Typen des Naturalismus, des immanenten und des supranaturalistischen Idealismus also bewegt sich vornehmlich der Kampf; einen Dualismus in dem Sinne, daß zwei Lebensentwicklungen gleichgültig nebeneinanderstünden und sich nur von außen her berührten, duldet das Verlangen des Lebens nach Einheit nicht; ebensowenig duldet es einen Monismus, der zwei völlig unabhängig voneinander verlaufende Reihen umfaßt. Dem Monismus steht am nächsten der immanente Idealismus mit seinem Streben nach Ausgleichung der beiden Welten, dem Dualismus der supranaturale mit dem entgegengesetzten, sie möglichst auseinanderzuhalten. Freilich zeigt die geschichtliche Erfahrung, im besondern auch die Gegenwart, insofern eine Fülle dualistischen Denkens, als Menschen und ganze Zeiten ihre Überzeugungen oft zwischen die verschiedenen Richtungen teilen, hier mehr naturalistisch, dort mehr idealistisch urteilen. Das aber ist eine Sache der Menschen, es ergibt keinen neuen Lebenstypus. So brauchen wir nur gelegentlich uns damit zu befassen.

Zwischen jenen Haupttypen verläuft demnach der geistige Kampf. Es entstehen hier besondere Zusammenhänge des weltgeschichtlichen Lebens, die aus dem Eigentümlichen und Tatsächlichen der Leistung ihre Macht und Bedeutung ziehen. Indem sie aus vordringender Tat ein Lebensganzes herstellen, können sie den Stand unseres Daseins erhöhen, können sie sonst verborgene Tiefen und Kräfte des Lebens erschließen, können sie uns zu bleibenden Erfahrungen verhelfen. Auch läßt sich erwarten, daß soweit das geschichtliche Leben einen Zusammenhang besitzt, die spätere Gestaltung die Erfahrungen der früheren aufnimmt und nutzt, daß so schließlich ein Ganzes der weltgeschichtlichen Erfahrung, ein Gesamtstand der geistigen Evolution erwächst. Ein solcher Überblick kann zeigen, wie die verschiedenen Zusammenhänge das Verhältnis von Innen- und Außenwelt eigentümlich gestalteten, und wie sie das Hauptproblem beantworten; er mag zeigen, welche Widerstände sie fanden und wie sie sich mit ihnen auseinandersetzten, in welche Verwicklungen sie gerieten und wie sie dadurch weitergetrieben wurden, er kann schließlich zeigen, wie die Erschütterung der einen der anderen zum Aufstieg verhalf, und wie mit dem allen der Kreis des Lebens ein immer weiterer wurde. Eine solche Betrachtung ist zunächst geschichtlicher Art, aber sie braucht nicht in die Aufrollung des bloßen Nacheinander aufzugehen. Denn wenn es gelingt, bei den Leistungen zwischen dem zu scheiden, was aus besonderen Voraussetzungen und Umgebungen erwuchs, und dem, was ein bleibendes Vermögen, vielleicht auch bleibende Schranken des Geisteslebens offenbart, so mag sich das Nebeneinander in ein Miteinander verwandeln, und es mag sich aus dem Verlauf der Zeiten eine zeitüberlegene Gegenwart herausheben, die alles festzuhalten sucht, was die verschiedenen Epochen an wahrhaftigem Leben brachten.

So das Ganze der geschichtlichen Erfahrung zu überblicken und den bleibenden Ertrag herauszuheben, dazu drängt aber mit zwingender Gewalt die eigentümliche Stellung, welche die Neuzeit zu unserem Probleme einnimmt. Die geschichtlich überkommenen Lebensgestaltungen gaben dem Idealismus ein entschiedenes Übergewicht, er galt ihnen als eine unbestreitbare, ja selbstverständliche Wahrheit. Nun aber hat der Naturalismus immer mehr die sichtbare Welt zur Geltung gebracht, er drängt mit solcher Bewegung den Idealismus weiter und weiter zurück; zugleich hat die Bewegung der Kultur manche Verwicklung innerhalb seiner herausgestellt; auch das muß ihn schwächen, daß die neuentstandene geschichtliche Denkweise mit ihrer geschärften Kritik in den überkommenen idealistischen Lebensformen, die früher unbedenklich als zusammengehörig hingenommen wurden, viel Abweichung und Gegensätzlichkeit entdeckt. Trotzdem findet der Naturalismus vielfachen Widerstand; er findet ihn schon deshalb, weil der Idealismus sich viel zu tief in unsere Überzeugungen, Bestrebungen, Begriffe eingegraben hat, um einem kühnen Ansturm rasch erliegen zu können; immerhin sind wir einer großen Ungewißheit verfallen, die unsichtbare Welt ist uns unsicher geworden, und die sichtbare genügt uns nicht. Ein derartiges Schwanken über die Hauptrichtung des Lebens muß seine Kraft und seine Freudigkeit lähmen. So gewiß aber nur eine tatsächliche Weiterbildung des Lebens eine solche Krise überwinden kann, sie kann nicht vom Himmel fallen, sie ist erst in Fluß zu bringen; dafür aber ist das klärende, orientierende, entwerfende Wirken der Philosophie unentbehrlich. Wenn sie dabei aber als nächste Aufgabe hat, von der Zufälligkeit des Augenblicks zu befreien, so kann dafür eine kritische Durchmusterung der großen geschichtlichen Zusammenhänge wertvolle Dienste leisten.

Wir beginnen unsere Durchwanderung der Geschichte mit der Lösung, das unser Problem auf der Höhe des griechischen Lebens fand. Daß diese Höhe nicht den Durchschnitt des damaligen Lebens bildet, sondern ihm vielfach schroff widerspricht, das sei keinen Augenblick vergessen. Jene Höhe aber schafft ein künstlerisches Lebensganzes, das den immanenten Idealismus in besonders hervorragender Weise verkörpert. Das Künstlerische ist hier vornehmlich plastischer Art, das Leben ist seinem geistigen Gehalt nach ein Verwandeln der Wirklichkeit in ein beseeltes, dabei wohlgeordnetes und deutlich abgestuftes Ganzes; die Bewegung hat in der geistigen Tätigkeit und der sinnlichen Natur zwei entgegengesetzte Ausgangspunkte, aber die Strebungen finden sich zusammen und verbinden sich zu einem umfassenden Lebensprozeß, der in sich selbst seine volle Befriedigung findet. Namentlich Aristoteles stellt uns das deutlich vor Augen. Das Geistige steht hier in sicherer Herrschaft, von ihm geht alle Bewegung, Belebung und Formgebung aus; das Sinnliche mag mit seiner Formlosigkeit zunächst als sein voller Gegensatz erscheinen, aber eine tiefere Betrachtung zeigt, daß es einer Ordnung und Belebung harrt und ihnen freundlich entgegenstrebt; so kann sich beides zur Harmonie eines Lebens zusammenfinden und sich gegenseitig fördern. Denn auch das Überlegene und Formgebende ist unfertig ohne die Hilfe des andern, erst in der Unterwerfung des Stoffes erreicht es die eigne Kräftigung, Durchbildung und Vollendung. Dieser Lebenstypus gibt dem Geistesleben wie der Natur mit solcher Herstellung eines freundlichen Zusammenwirkens eine eigentümliche Gestaltung und Aufgabe. Das Geistige löst bei aller Überlegenheit gegen das Sinnliche sich nicht von der gemeinsamen Welt ab, es bildet sich nicht eine Innerlichkeit, welche die Welt als gleichgültig behandelt, sondern es findet seine Aufgabe in der Verbindung, Belebung und Erhöhung dieser Welt, es ist von Grund aus ein unablässiges Wirken und Schaffen, männliche Kraft und freudige Tätigkeit, es ist dabei in sicherem Zuge auf das Wahre und Gute gerichtet. Zugleich gibt die enge Verbindung mit dem Geistigen der sinnlichen Natur einen unverkennbaren Wert; was immer das Leben an sinnlicher Regung bietet, das wird anerkannt und festgehalten, es hat sich nur dem Ganzen einzufügen und unterzuordnen, es muß einen bestimmten Platz und eine feste Begrenzung empfangen, um dadurch geläutert und veredelt zu werden.

So hat dieser Lebenstypus darin vornehmlich seine eigentümliche Leistung und Größe, Geist und Natur, Form und Stoff aufs engste zusammenzubringen und in fruchtbare Beziehung zu setzen, dabei dem Geistigen eine Nähe und dem Sinnlichen eine Veredlung zu geben; alle Gegensätze scheinen hier ausgeglichen, alle Widersprüche überwunden, das Leben ohne eine Abschwächung der Unterschiede in ein Ganzes zusammengeschlossen. So kann es sich in sich selbst gegründet und allen Verwicklungen des Daseins gewachsen fühlen.

Ein solcher Lebenstypus erscheint bei den Griechen in reinster Ausbildung auf der Höhe der plastischen Kunst, nirgends im ganzen Umkreis der Geschichte ist eine Welt von geistigen Größen und Gütern dem Menschen so sehr wie hier in eine unmittelbare Gegenwart gerückt, sind sichtbare und unsichtbare Welt so innig einander verwoben. Auch die Philosophie nimmt an dieser Bewegung teil. Sie tut das zunächst, indem sie die Innen- und Außenwelt unter Vorherrschaft jener zu einem in sich ruhenden Leben verbindet; es ist Aristoteles, der dieser Überzeugung den reinsten wissenschaftlichen Ausdruck gibt. Auch über die Besonderheit des Inhalts hinaus vollzieht die griechische Philosophie in der Art ihrer Arbeit eine einzigartige Ausgleichung von Innerem und Äußerem. Denn es fallen ihr nicht Gehalt und Form auseinander, und es ringt der Gedanke nicht mühsam mit einem widerspenstigen Stoff, sondern die Arbeit schließt nicht eher ab, als aller Widerspruch überwunden ist und die Gedanken klar und scharf dargestellt sind. Solches Streben hat auf allen Stufen der geschichtlichen Bewegung ausgeprägte Typen der Denkweise erzeugt, die sich dem Bewußtsein der Menschheit bleibend eingeprägt haben.

Ein ähnliches Wirken und Schaffen geht durch alles griechische Leben hindurch; daß hier alles, was an Innerem aufstrebt, zur vollen Verkörperung gelangt, und daß alles Äußere eine Beseelung und Gestaltung empfängt, das vornehmlich läßt hier eine zusammenhängende geistige Wirklichkeit entstehen und gibt dem hier entfalteten Leben eine überlegene Anziehungskraft. Mag dabei manches Zeitliche und Besondere mit einfließen, der Kern des Ganzen liegt jenseits aller Zufälligkeit und ist einer bleibenden Wirkung fähig. Denn kräftig und deutlich bricht hier das Urphänomen der Form hervor, überzeugend erweist sich, daß auf geistigem Boden sich Inneres an Äußerem zu bilden und Äußeres eine Verkörperung des Inneren zu werden vermag. Eine durchgehende Erfahrung des menschlichen Lebens wird damit erwiesen, daß bei ihm das Innere vom unbestimmten Umriß zu voller Gestalt erst durch eine Darstellung nach außen hin gelangt; das Äußere wird damit keineswegs zu einem gleichberechtigten Faktor, aber es scheint unentbehrlich, um das Innere zu voller Durchbildung zu treiben, es ist mit seiner anregenden und zurückwirkenden Kraft ein unentbehrliches Stück des Lebensprozesses. Alles künstlerische Schaffen bezeugt die Wahrheit dessen und liefert damit, wie Goethe sagt, von der ewigen Harmonie des Daseins die seligste Versicherung, am deutlichsten wird diese Wahrheit indirekt durch die Erfahrung der Menschheit erwiesen. Denn wo immer die Form verschmäht und vernachlässigt wurde, da sank bald das Leben und verfiel schließlich einer Barbarei; die Form mit ihrer engen Verbindung von Innerem und Äußerem ist unentbehrlich, um geistiges Leben hervorzulocken, es zu voller Kraft zu bringen, es die Breite der Dinge durchdringen zu lassen. So ist es wohlbegreiflich, wie die Form zum Zentralbegriff einer Lebensordnung des immanenten Idealismus werden konnte.

Aber wie das griechische Schaffen uns dies in höchster Vollendung zeigt, so hat es auch manche Begrenzung und Verwicklung; diese müssen zu Einwänden und Widerständen werden, wenn jene künstlerische Ordnung sich als das Letzte und Ganze unseres Lebens gibt. Zunächst enthält jene Lösung Voraussetzungen, die keineswegs selbstverständlich sind. Jene Lösung kann die Höhe des Lebens nur bilden, wenn der geistige Antrieb stark ist, und wenn er mit überlegenem Vermögen das sinnliche Dasein zu bezwingen wie gestalten vermag, wenn ferner die Sinnlichkeit gesunder Art ist, mit unverfälschter Naturkraft aufstrebt und zugleich sich willig dem vorgehaltenen Rahmen einfügt, wenn endlich die Bewegungen vom einen zum andern sich willig und freundlich zu einem gemeinsamen Leben verbinden. Alles zusammen verlangt eine Höhe des Lebens, die nur unter besonderen Umständen erreicht wird, die nur in seltenen Zeitlagen und auch hier nur für eine geistige Aristokratie den Gesamtcharakter des Daseins bestimmt.

Dazu gesellen sich Verwicklungen im Grundbestande dieses künstlerischen Idealismus, sofern er das ganze Leben führen will. Die Einigung von Form und Stoff darf nicht eine bloße Zusammensetzung und Anordnung sein; einen Inhalt kann aber ihr Zusammenstreben nur ergeben, wenn die Form eine Seele hat und sie dem Ganzen der Bildung mitteilt. Aber woher erhält die Form eine solche Beseelung? Diese Frage führt zu der weiteren, wie hier überhaupt die Stellung des geistigen Lebens zu verstehen ist. Ist es der Gestaltung überlegen, und wird, um die Reinheit der Form zu wahren, diese Überlegenheit nachdrücklich hervorgekehrt, so entstehen zwei Welten, wie es Plato deutlich vor Augen stellt, damit aber schwere Verwicklungen; soll aber die Form nur innerhalb jenes Bildungsprozesses wirken, wie vornehmlich bei Aristoteles, so droht sie an Gehalt einzubüßen und wird sie leicht in ihrer Reinheit geschädigt. Darin erkennen wir die Achillesferse jenes künstlerischen Idealismus: entweder setzt er eine größere Innerlichkeit, ein Beisichselbstsein des Lebens, voraus, dann wird das menschliche Leben in der bloßen Gestaltung schwerlich sein Genüge finden, dann wird ihm die bloße Kunst zu klein; oder das Bilden und Gestalten wird als völliger Selbstzweck behandelt, dann liegt die Wendung nahe, daß es eine bloße Zugabe des Daseins, eine bloße Verschönerung des Lebens wird, damit aber einen wesenbildenden Gehalt verliert. So weist die künstlerische Lösung über sich selbst hinaus auf ein weiteres Ganzes des Lebens.

Das spätere Altertum stellt uns dieses Problem in großen Zügen vor Augen: Sinnliches und Geistiges, welche die Höhe seines Schaffens eng verschlungen hatte, lösen die Verbindung und treten immer weiter auseinander. Das Geistige sucht immer mehr eine volle Innerlichkeit zu erringen, es vollzieht in dieser Richtung, unter tatkräftiger Mitwirkung der Philosophie, zunächst ein Selbständigwerden der Moral, dann ein solches der Religion. Aber soviel dabei an seelischer Tiefe gewonnen wird, und so sehr schließlich die Sinnlichkeit zu einem bloßen Bilde herabsinkt, das Leben vermag dem Beisichselbstsein der Innerlichkeit keinen genügenden Inhalt zu geben. Das vornehmlich deshalb, weil es hier als bloßes Erkennen eine volle Wirklichkeit erzeugen möchte, deren Formen nur wie bloße Umrisse, ja wie nebelhafte Schatten über der Wirklichkeit schweben. So erreicht freilich das Geistige ein eignes Reich, aber dessen Unzulänglichkeit würde rasch zur Empfindung kommen, wenn nicht die religiöse Stimmung die Gebilde des Denkens unablässig beseelte und erwärmte. Zugleich verliert das Sinnliche bei wachsender Künstlichkeit der Kultur mehr und mehr die Gesundheit der älteren Zeit und verfällt einem weichlichen Raffinement, ja einer inneren Verdorbenheit. Kein Wunder, daß sich eine Feindschaft dagegen entwickelte, daß man es nicht nur möglichst weit zurückzudrängen suchte, sondern daß eine asketische Denkweise diese Zurückdrängung zum Hauptinhalt des Lebens machte. Trotz solcher Wandlung verbleibt das alte Ideal der künstlerischen Gestaltung in mannigfacher Wirkung, und die Form fährt fort als ein hoher Wertbegriff zu gelten, aber es geschieht in einem, wenn auch unvermerkten Widerspruch zur Grundströmung des Lebens, und es kann die Tatsache nicht ändern, daß die klassische Harmonie der beiden Welten sich am Schluß in eine schroffe Kluft verwandelt. Der Gesamtverlauf der griechischen Geschichte bietet das Schauspiel, daß mehr und mehr die sinnliche Welt, die zu Beginn den Menschen gänzlich einnahm, einer unsinnlichen weichen muß, zu deren Ausbildung das Verlangen einer geistigen Selbsterhaltung den Menschen treibt. Die Idee einer reinen Innerlichkeit ist nicht erst auf christlichem oder gar auf modernem Boden entstanden, für das Ganze der Kultur haben die Griechen sie durch mühsame Arbeit und Erfahrung hindurch errungen und damit neue Gestaltungen vorbereitet.

Das Christentum teilt die Abwendung von der sinnlichen Welt, aber ihm gelingt es, der bei sich selbst befindlichen Innerlichkeit eine große Aufgabe und einen reichen Inhalt zu geben; es geschieht das, indem, in unverkennbarer Anknüpfung an das spätere Judentum, der Schwerpunkt des Lebens sich aus dem Intellektuellen und Kosmischen in das Ethische und Persönliche verlegt. Es erfolgt eine völlige Umwälzung, indem nun das Grundverhältnis des menschlichen Lebens nicht mehr das zu einem sichtbaren oder unsichtbaren All, sondern das zum weltüberlegenen vollkommenen Geiste bildet; damit eröffnen sich neue Ziele und Maße, die das ganze Leben vor große Aufgaben stellen. Es gilt eine Einigung mit jenem vollkommenen Geiste; dieser Forderung genügt der vorgefundene Stand des Menschen nicht nur nicht, sondern er scheint ihr direkt zu widersprechen; die Lösung dieses Konfliktes wird nun zur allesbeherrschenden Forderung; da sie vom vorgefundenen Seelenstande aus nicht zu befriedigen ist, sondern es dazu einer völligen Wesenserneuerung bedarf, so wird die Aufgabe über alles Vermögen des Menschen hinausgehoben; solche Notwendigkeit einer unmöglichen Forderung bewirkt eine ungeheure Erschütterung. Aber der Schärfung des Konfliktes setzt das Christentum eine Überwindung entgegen, zuversichtlich verkündet es eine erlösende und erhöhende Liebe, die den Menschen von aller Verwicklung befreit, ihn an der Vollkommenheit göttlichen Lebens teilnehmen läßt und ihm zugleich eine volle Seligkeit gewährt.

Dieses Leben trägt in der Innerlichkeit selbst große Kontraste, Bewegungen, Erfahrungen; die äußersten Gegensätze völliger Verzweiflung und sicherster Befestigung wirken in ihm und steigern sich gegenseitig, die Spannung des Ganzen wächst weiter durch die Überzeugung, daß die Wendung des menschlichen Lebens nicht eine Sache des bloßen Menschen ist, daß vielmehr der Widerspruch eine Auflehnung gegen den göttlichen Willen, eine Verletzung heiliger Weltordnung bedeutet, daß er eine innere Zerstörung mit sich bringt. So muß dies Leben sich als den Kern der ganzen Wirklichkeit fühlen, es wird alles übrige Leben zu einer bloßen Umgebung machen und ihm keine selbständige Bedeutung zuerkennen. Zugleich behauptet es eine völlige Überlegenheit gegen alle Natur. Nicht nur versteht es die Natur um uns als ein Werk des schaffenden Geistes, es setzt auch innerhalb des Menschen alles Wirken aus bloßer Naturkraft zu einer niederen Stufe herab und verbietet streng sein Einfließen in das sittliche Handeln. So mußte ein Denker, der wie Augustin die Gegensätze schroff scheidet, die antike Sittlichkeit als völlig ungenügend verwerfen.

Demnach erzeugt diese ethisch-religiöse Ordnung ein Leben streng supranaturalistischer Art: das Geistesleben bedarf hier nicht einer Ergänzung durch die Natur, sondern es trägt seine Aufgabe wie seine Kraft in sich selbst. Das heißt aber nicht das Sinnliche für schlecht erklären und als einen Feind behandeln; wo dies innerhalb des Christentums geschah, da ist es in Widerspruch mit seiner Grundrichtung geschehen. Denn dieser gilt, in deutlicher und bewußter Abweichung vom späteren Altertum, als der entscheidende Gegensatz nicht der von Sinnlichem und Unsinnlichem, sondern der von Gutem und Bösem; die Wurzel des Übels ist nicht ein Mangel an geistigem Vermögen, sondern die moralische Schuld. Aber das Sinnliche bleibt ein untergeordnetes Gebiet, das ganz und gar den Zwecken des Geistes zu dienen hat; es ist wertvoll nicht durch sich selbst, sondern durch das, was es für die höhere Ordnung leistet; so kann es nun und nimmer das menschliche Streben bei sich festhalten, es weist immer über sich selbst hinaus und bleibt bei aller Handgreiflichkeit dem Menschen seelisch eine Außenwelt.

Wir werden sehen, welche Gefahren und Verwicklungen die Entfaltung dieser Lebensordnung auf dem Boden der Menschheit und unter besonderen geschichtlichen Bedingungen erzeugte. Aber vor solchen Erwägungen ist die Grundtatsache des Geisteslebens vollauf anzuerkennen, das sich hier entfaltet. Dies Leben entdeckt in sich selbst eine unergründliche Tiefe, schroffe Kontraste, gewaltige Aufgaben; galt es sonst seiner ganzen Ausdehnung nach als wertvoll, so beginnt nun in ihm eine innere Scheidung, es erscheint eine Spaltung, deren Überwindung zur Aufgabe aller Aufgaben wird. Daß so dem Menschen sein eignes Wesen zum Hauptproblem wird, das muß sein Leben wesentlich zurückverlegen und es vor allem mit sich selbst befassen lassen; eine weltüberlegene Innerlichkeit gewinnt damit eine Selbständigkeit und einen vollgenügenden Inhalt. Zugleich vollzieht sich in der Schätzung des Handelns die Wandlung dahin, daß es zu seiner Vollendung nicht einer Leistung nach außen bedarf, sondern die Hauptaufgabe in jener Innerlichkeit selbst findet. Damit wird die Gesinnung aus einer matten Begleitung ein tätiges Verhalten, damit vollzieht sich eine Befreiung vom Schicksal nicht nur der äußeren Verhältnisse, sondern auch einer gegebenen seelischen Art. Ein Leben aus freier Tat hebt sich über allen bloßen Naturprozeß hinaus, es beginnt ein Kampf zwischen Freiheit und Schicksal. Wie die hier gewonnene Selbständigkeit den Menschen zum Herrn seiner eignen Natur zu machen sucht, so läßt sie ihn auch die Sinnlichkeit nicht als ein zugewiesenes Schicksal hinnehmen und sich ihr wehrlos beugen, sondern sie ruft ihn zu ihrer Beherrschung auf und gestaltet sie gemäß den Zwecken des Geistes. Wie viel das besagt, das zeigen namentlich die Anfänge des Christentums. Denn indem es getrosten Muts den Kampf gegen eine alle Verhältnisse durchdringende schlaffe Sinnlichkeit aufnahm, hat es gegenüber der Auflösung eine innere Befestigung der Menschheit vollzogen und mit der Stärkung des Selbstvertrauens den geistigen Boden für einen Aufstieg geschaffen. Solche Wandlungen, Vertiefungen, Befreiungen mögen sich für das menschliche Bewußtsein zeitweilig verdunkeln und vergessen lassen. Aber zurückzunehmen sind sie nicht, viel zu sehr haben sie den inneren Bestand des Lebens verändert, als daß sich nicht alle weitere Bewegung der Menschheit mit ihnen auseinandersetzen müßte. Der Mensch kann unmöglich das frühere naive Verhältnis zur Weltumgebung und zu seiner eignen Natur wiederaufnehmen und in seiner Entwicklung volle Befriedigung finden. Mag die nähere Gestaltung jener ethisch-religiösen Lebensordnung zum Widerspruch treiben, es erhält sich trotzdem der Grundgedanke der Verinnerlichung und der ethischen Aufrüttelung des Lebens; wo die Antworten nicht genügen, da verbleiben doch die Fragen; auch sie sind Mächte, die das Leben in eine besondere Richtung treiben und ihm einen eigentümlichen Charakter geben. So läßt sich die christliche Lebensgestaltung aus der Geschichte nicht streichen, sie bleibt als ein Hauptstück, ja als die beherrschende Tiefe des Lebens allen Wandlungen der Geschichte überlegen, sie wirkt offen oder versteckt durch die Zeiten fort und erweist sich damit jener zeitlosen Gegenwart zugehörig, mit der unsere Untersuchung zu tun hat.

Aber alle Wahrheit und Größe hat nicht verhindert, daß das Christentum ein Gegenstand unablässigen Streites war, nicht allein von außen hat es, falls nicht ein gewaltsamer Druck das verhinderte, immerfort härteste Angriffe erfahren, auch seine eigne Welt ist voller Zerwürfnisse, die über die Begriffe hinaus in die Gestaltung des Lebens reichen; alles deutet darauf hin, daß die nähere Fassung des Hauptstrebens eine Verwirklichung enthält; wir werden sehen, daß gerade das Verhältnis von Innen- und Außenwelt dabei in Frage kommt. Das Christentum vertritt eine neue Welt gegenüber der, welche den Menschen unmittelbar umfängt, von dieser Behauptung zweier Welten kann es nicht lassen, ein »monistisches« Christentum ist ein Unding, das nur einem verworrenen Denken möglich ist. Aber die Behauptung zweier Welten läßt die nähere Bestimmung ihres Verhältnisses offen, im besondern wird zur Frage, wie die Welt, die dem Menschen eine überlegene, eine transzendente ist, zugleich seine eigne werden und eine volle seelische Nähe zu erreichen vermag. Nun entspricht es gewiß dem Grundgedanken des Christentums, die überweltliche Ordnung auch in unserer Welt zu kräftiger Wirkung zu bringen, aber eine volle Ausgleichung wird dabei nicht erreicht, jene Ordnung bleibt an erster Stelle ein Jenseits, das sich neben unserer Welt befindet und daher uns von dieser ablenken muß, indem es uns zu sich hinzieht; zugleich bleibt jene zu sehr eine Sache bloßer Erwartung und Zukunft, sie schafft nicht genügend eine zeitüberlegene Gegenwart. Das führt nicht nur nach besonderen Richtungen in mannigfachste Verwicklung, es erzeugt Bedenken und Widerstand gegen das Ganze des Lebens. Indem die überlegene Geistigkeit hier vornehmlich als eine jenseitige Ordnung zu uns wirkt, wird unserem ganzen Leben ein eigentümlich religiöser Charakter gegeben, es wird damit in eine Bahn gedrängt, die besonderen Zeitlagen entsprechen mag, die für die Dauer aber zu eng wird. Die Festlegung des Christentums erfolgte in einer Zeit, die alles kräftigen Lebensmutes entbehrte, und die vor allem einen festen Halt gewinnen wollte; ein solcher schien sich aber nur im Gegensatz zum verworrenen Treiben der Welt, in einer jenseitigen Ordnung finden zu können; je schärfer die Scheidung war, desto gewisser glaubte man seiner zu sein, desto fester stand die göttliche Offenbarung, die durch ein Wunder an uns kam. Was spätere Zeiten gehobenen Lebensmutes dagegen einzuwenden hatten, das gehört nicht hierher; wohl aber gilt es sich damit zu befassen, wie auch das Verhältnis von Innen- und Außenwelt unter solcher Wendung zu leiden hat.

Vor allem entsteht ein schroffer Gegensatz, der durch die ganze Geschichte des Christentums geht, der Gegensatz einer Zurückziehung von der sichtbaren Welt und einer Anpassung an diese Welt mit der Gefahr, das Sinnliche ins Geistige eindringen zu lassen. Wo das Innenleben aus dem Verhältnis zu einer jenseitigen Gottheit entspringt und in der Entwicklung dieses Verhältnisses seine Hauptaufgabe hat, da wird leicht eine Gleichgültigkeit gegen die Weltumgebung entstehen, da mag man sich mit einem »Schweig', leid', meid' und vertrag'« über alle Unbill trösten und keinerlei Versuch unternehmen, die Unvernunft in ihr anzugreifen. Können wir leugnen, daß die Neuzeit in die gemeinsamen Verhältnisse weit kräftiger und förderlicher eingegriffen hat als das Christentum, das doch so lange die Seelen beherrschte? Wer hat die Sklaverei aufgehoben, wer eine allgemeine Volksbildung durchgesetzt, wer das soziale Problem in großem Stile ergriffen? Jene Innerlichkeit wurde bei aller Zartheit des Erlebnisses zu weich und zu weltfremd, um eine durchdringende und durchbildende Kraft an der Welt zu üben; wo die geistige Erregung sich nicht irgend in Tätigkeit umsetzt, da verfällt sie leicht der Gefahr, ein tatloses Schweben über den Dingen, ein bloßsubjektives Gefühl, eine leere Stimmung zu werden.

Im Christentum wirkt aber der Bewegung zu einer weltüberlegenen Innerlichkeit eine andere kräftig entgegen. Jene hätte es leicht zu einer Religion der bloßen Individuen gemacht, von Anfang an aber ging sein Bestreben dahin, ein Gesamtreich des neuen Lebens zu errichten und der ganzen Menschheit zu helfen. So unterscheidet auch auf geschichtlichem Boden es nichts mehr von anderen Religionen als der Aufbau einer allumfassenden Kirche. Dies Unternehmen erzeugte aber eigentümliche Verwicklungen. Es war nicht durchführbar ohne einen Blick auf die Lage, auch auf die Meinungen und Zwecke der Menschen; wenn diese Lage als eine im wesentlichen unveränderliche hingenommen wurde, so war eine vielfache Anpassung, mit ihr aber auch ein Eindringen sinnlicher Elemente in die Welt der Religion nicht zu vermeiden. Zur Verstärkung der Sinnlichkeit wirkte auch die oft erwähnte geistige Mattheit des ausgehenden Altertums. Man wollte damals um jeden Preis und ohne alle eigne Gefahr sich einer vollen Realität des Geistigen versichern; so bestand man auf einer sinnlichen Verkörperung, um ihrer vollauf gewiß zu werden. Man verlangte sinnfällige Tatsachen, überwältigende Eindrücke, greifbare Unterpfänder, wie das am deutlichsten im Begriff des Sakramentes hervortritt. Denn das Sinnliche ist hier keineswegs ein bloßes Mittel und Werkzeug, es gehört zum Wesen der Sache und bindet die Mitteilung göttlicher Kräfte so eng an sich, daß die Gesinnung darüber leicht zur Nebensache wird (*sacramenta non solum significant, sed causant gratiam*). Je mehr das Bewußtsein der eignen Schwäche den Menschen die Rettung allein von übernatürlicher Gnade erwarten läßt, desto religiöser kann es scheinen, ihm möglichst alle eigne Betätigung abzusprechen und das neue Leben in ihn wie in ein bloßes Gefäß »einströmen« zu lassen. So entsteht die Neigung, geistige Vorgänge zu ihrer Sicherung an sinnliche Formen zu binden, der greifbaren Leistung einen überragenden Wert zu geben, damit aber eine Materialisierung des Geisteslebens zu vollziehen, die zugleich alle freie Bewegung gefährdet.

Auch im Wirken der Kirche erscheint ein ähnliches Problem. Dies Wirken erfolgt für das Reich Gottes, es will alles äußere Geschehen den Zwecken der Innenwelt unterordnen. Aber es kann zu keinem vollen Erfolge gelangen, ohne mit der Welt wie sie ist zu paktieren und sich ihrer Mittel zu bedienen; damit aber gerät sie unter den Einfluß dieser Welt und kann davon so weit fortgerissen werden, daß der Hauptzweck dahinter zurücktritt.

So entfaltet sich weithin der Gegensatz einer weltfremden Innerlichkeit und eines Fortgerissenwerdens des Innern vom Äußeren; mag innerhalb des Christentums unablässig nach irgendwelchem Ausgleich gestrebt sein, es wird oft nur ein leidlicher Kompromiß erreicht, der Gegensatz einer freischwebenden Subjektivität und einer sinnlich gebundenen Organisation aber keineswegs überwunden.

Die Neuzeit vollzieht beim Problem von Außen- und Innenwelt eine große Wendung. Der Strom des Lebens richtet sich nun wieder in die Welt hinein, aber nun soll sie nicht nach antiker Art nur angeschaut, sondern in vollen Besitz und Genuß verwandelt werden; was an Innerlichkeit gewonnen war, das wird keineswegs aufgegeben, aber es soll sich jetzt der ganzen Wirklichkeit mitteilen und durch solche Mitteilung an Kraft und Freudigkeit wachsen. Wir sahen, wie die Neuzeit ihre Hauptaufgabe in der Steigerung des Lebens findet, wie diese Steigerung nicht einem außer ihr befindlichen Zwecke dient, sondern mehr und mehr sich selbst zum vollgenügenden Ziele wird. Wie es aber zur Durchführung dessen eines Zusammenstrebens der Gegensätze bedarf, so können auch Innen- und Außenwelt nicht getrennte Welten bleiben, das Leben des Ganzen weist sie ständig aufeinander hin, das eine kann nur an dem anderen seine Kraft entfalten und die eigne Höhe erreichen. Mögen sie also verschiedene Ausgangspunkte bilden, sie bewegen sich zueinander hin und verschlingen sich immer enger, der Fortgang des Lebensprozesses mag hier als eine fortschreitende Überwindung des Gegensatzes erscheinen. Das Unsinnliche strebt zum Sinnlichen, um dadurch seine volle Kraft zu erringen; so sehen wir alles, was auf modernem Boden an Ideen und Prinzipien aufkam, von einem brennenden Durst erfüllt, sich des sinnlichen Daseins zu bemächtigen und es bis in alle Verzweigung hinein zu durchdringen; nur dadurch scheinen sie aus dem Reich der Schatten in klare und volle Wirklichkeit zu treten, zugleich aber auch den Beweis ihrer Wahrheit zu liefern. So ist die Zeit einer scheuen Absonderung von der Sinnlichkeit nunmehr vorbei, diese kann nicht mehr geringgeschätzt werden. Von der anderen Seite her läßt die moderne Lebensarbeit das Sinnliche mehr und mehr geistige Züge in sich aufnehmen und rückt es dem Geistigen näher und näher. Die Natur verliert die alte Handgreiflichkeit, sie steht nicht mehr wie ein Reich undurchdringlichen Stoffes vor den Augen des Menschen, sondern sie verwandelt sich in ein Gewebe von Kräften und Beziehungen, die eine kausale, dem Denken zugängliche Ordnung zusammenhält. Auch die materiellen Güter erscheinen innerhalb dieser Lebensordnung der Steigerung der Kraft und des unablässigen Fortschritts in völlig anderem Lichte als zu früheren Zeiten, wo die Beschäftigung mit ihnen eine niedere Denkweise zu bekunden schien. Denn sie werden nunmehr unentbehrliche Mittel zur Entfaltung menschlicher Kraft und zur Überwindung der Widerstände; es ist weit weniger der sinnliche Genuß als die Steigerung der Kraft, die Herrschaft über die Dinge, also etwas Unsinnliches, das sie wertvoll macht. Wenn so das eine durch das andere wächst, so umfängt eine einzige Welt und ein einziges Leben den Menschen, und es werden bei jenem Zusammenstreben Idealismus und Naturalismus völlig miteinander ausgeglichen; die Kluft, die sich dem Christentum eröffnete, scheint damit glücklich überwunden.

Von großer Bedeutung dafür war die Gestaltung der Tätigkeit zur Arbeit; die Neuzeit übertrifft hier frühere Zeiten erheblich. Denn mit besonderem Eifer hat sie das menschliche Wirken von aller Subjektivität zu befreien und mit den Gegenständen aufs engste zu verflechten gesucht, sie bildet große Zusammenhänge der Arbeit, erkennt in ihnen eigne Gesetze und Antriebe und läßt diese das Handeln beherrschen. Indem sich so der Mensch in die eignen Notwendigkeiten der Dinge versetzt, treten diese ihm unvergleichlich näher, ja verwachsen sie mit seinem Wesen; die Arbeitswelt des Menschen verknüpft wie Kraft und Gegenstand so auch Inneres und Äußeres zu einem einzigen Ganzen. So ist der Fortschritt der Arbeit zugleich die Befestigung des Menschen in einer ungeteilten Welt, ein Vordringen des Einheitsgedankens.

Dies Bewußtsein, einer einzigen Welt anzugehören, beherrscht die Überzeugung des modernen Menschen und gibt ihm ein sicheres Lebensgefühl. Aber je stolzer und freudiger das Einheitsstreben auftritt, zu desto größerer Erschütterung muß es wirken, wenn sich innerhalb des modernen Lebens selbst verschiedene, ja entgegengesetzte Lebensströme bilden, die es mit seinen Mitteln nicht zusammenzubringen vermag, wenn die Arbeit bei Anspannung aller Kraft nicht ausführen kann, was der Lebenstrieb als zwingende Forderung stellt. Es geschieht das aber in folgender Weise: Das vornehmliche Mittel zur Durchführung seines Strebens war dem modernen Leben die Wissenschaft, die Wissenschaft in der analytischen und exakten Art, wie eben die Neuzeit sie ausgebildet hat; von ihr erst konnte in Wahrheit gelten, daß Wissen Macht ist. Nun konnte aber die Wissenschaft weder das seelische Leben noch die Natur klar und deutlich erfassen, ohne ihnen eine Selbständigkeit gegeneinander zu geben und jedem eine unvergleichliche Eigenart zuzuerkennen. Das besagte einen völligen Bruch mit der bisherigen Art, welche an einer Vermengung beider Reiche keinen Anstoß nahm. Die ältere ethisch-religiöse Erhebung des Innern über das Äußere behaftete den wissenschaftlichen Begriff der Seele mit mancher sinnlichen Vorstellung, sie fand weder darin Bedenken, sinnliche Wirkungen, Eindrücke, Einflüsse unmittelbar in die Seele eingehen, noch darin, umgekehrt Willenshandlungen in die Außenwelt sich erstrecken und ihren Stand verändern zu lassen; dabei wurde die Seele weniger durch eine selbständige Haupteigenschaft als durch die Verneinung des Sinnlichen bestimmt, so konnte sie leicht der gewöhnlichen Fassung als ein nur verfeinertes, luftartiges Sinnliches gelten. Auf der anderen Seite dünkte die Natur von seelischen Kräften durchwaltet, von Zwecken gelenkt, von Trieben und Neigungen bewegt, sie konnte ein lebendiges Ganzes zu bilden und von innen heraus zu schaffen scheinen. Eine solche Verworrenheit, die ein unablässiges Durcheinanderlaufen beider Reihen mit sich brachte, hemmte alle genaue Erklärung; so zwang das Verlangen nach einer solchen zu einer völligen Scheidung und zugleich zur Forderung, alles Seelische psychologisch, alle Natur physikalisch zu verstehen. Diese Scheidung wurde von den leitenden Geistern der Aufklärung geschickt und energisch durchgeführt; indem dabei als das Wesentliche der Seele das Bewußtsein mit seinem Denken, als das der Körperwelt die räumliche Ausdehnung gefaßt wurde, trat beides bis zur Unversöhnlichkeit auseinander. Hier ein Reich der Seelen mit ihrer Unteilbarkeit, dort ein Reich bis ins Endlose teilbarer Massen mit ihren Bewegungen; die Beziehung beider Reiche konnte nicht mehr als eine gegenseitige Mitteilung, sondern nur so verstanden werden, daß von der einen Seite eine Anregung kommt, die auf der anderen irgendwelche Tätigkeit auslöst; im Wirken aber blieb jedes Reich bei sich selbst und verschloß sich jedem Eingriff von draußen her.

Nun aber verblieben diese Bewegungen keineswegs innerhalb der bloßen Theorie, sie drängten darüber hinaus und wurden zu großen Strömungen, die sich über das ganze Leben auszudehnen strebten und dabei unvermeidlich aufs härteste miteinander zusammenstießen. Im Denken beginnt das Subjekt sich als Schöpfer einer Welt zu fühlen. Denn wenn das Denken als schaffendes Vermögen eine unerschöpfliche Mannigfaltigkeit aus sich entwickelt – die Mathematik lieferte dafür das anschaulichste Beispiel –, so verliert es sich damit nicht an die Dinge, es behält eine sichere Überlegenheit, es kehrt aus allem Bilden immer wieder zu sich selbst zurück und erweist damit ein volles Beisichselbstsein des Menschengeistes. Wie das denkende Subjekt den archimedischen Punkt zu bilden scheint, der gegenüber dem Chaos der Erscheinungen eine feste Stellung gewährt, so wird es zur Aufgabe, in den Prozeß, der hier entsteht, die ganze Wirklichkeit hineinzuziehen. Das Denken wird nunmehr wie zur treibenden Kraft so zum Maß aller Dinge, durch energische Selbstkonzentration entdeckt es in sich selbst einen Stammbesitz ewiger Wahrheiten, setzt diese in zwingende Forderungen um und hält sie dem vorgefundenen Stande der Dinge entgegen; was ihnen widerspricht, muß fallen, was ihnen entspricht, wird mit der Durchleuchtung eine beträchtliche Erhöhung erfahren. Ein derartiges Wirken macht sich nicht nur von außen her an den Dingen zu tun, es dringt in sie selber ein und möchte aus ihnen etwas völlig anderes machen, als der unmittelbare Eindruck zeigt. Denn alles Sinnliche wird hier eine bloße Erscheinung, ein Ausdruck und Mittel eines Gedankengehaltes; auf Gedankengrößen scheint alle Wirklichkeit zurückzukommen, mit der Erhebung ins Gedankliche, ins Ideelle ihre echte Wahrheit zu finden. Das Sinnliche kann hier nur als ein Restbestand gelten, bei dem die Umwandlung in Gedankenarbeit noch nicht voll gelungen ist, nicht aber wird ihm eine selbständige Wirklichkeit gegenüber jener zuerkannt. Damit werden die Eigenschaften der Gedankenarbeit zu beherrschenden Charakterzügen des ganzen Kulturlebens; was jene Arbeit an allgemeiner und zeitloser Wahrheit ermittelt, das ist überlegen sowohl dem, was das sinnliche Dasein aufweist, als dem, was besondere geschichtliche Erfahrungen aus dem Menschen gemacht haben; seine Größe und Würde liegt nicht in dem, was er als Naturwesen, und auch nicht in dem, was er als Glied eines besonderen Volkes oder einer besonderen Religion, sondern in dem, was er als Vernunftwesen bedeutet. In Ausbildung dessen entwickelt sich statt einer geschichtlich gebundenen eine Rational- und Universalkultur und gestaltet sich näher in Abweisung alles Sensualismus zu einer Intellektualkultur. Das arbeitet sich mit zäher Energie nach allen Richtungen durch. Der Mensch erscheint nun vor allem als ein reines Gedankenwesen, als Persönlichkeit und Individualität, er muß von da aus andere Ansprüche an sich und das Leben stellen; nicht minder werden aus der dem Menschen innewohnenden Vernunft die einzelnen Lebensgebiete wie Religion und Moral, Staatsleben und Erziehung gestaltet und damit völlig verwandelt; schließlich strebt alle Mannigfaltigkeit zu einem allumfassenden Gedankenreich, und es entwickelt sich ein Innenleben, das mit seiner unablässigen Selbsttätigkeit gegen ein Eindringen sinnlicher Elemente unvergleichlich besser geschützt ist als die mehr passive und gefühlsmäßige Innerlichkeit des Mittelalters. Es hat aber die Führung dieser Intellektualkultur unbestreitbar die Philosophie. Seit Jahrhunderten haben große Denker die Existenz einer selbständigen Sinneswelt nachdrücklich bekämpft und alle Wirklichkeit in ein Gedankengewebe umzusetzen gesucht. Ihren Höhepunkt hat dies intellektualistische Streben im Systeme Hegels gefunden, das nicht nur die Gesetze des Denkens die ganze Wirklichkeit beherrschen läßt, sondern das die durch Widersprüche fortschreitende Bewegung des Denkens zu ihrem alleinigen Inhalte macht. Mit nicht minderer Stärke erhebt sich aber von der Seite der Natur ein eigentümliches Leben und kämpft um den Besitz der Welt. Wie das Seelenleben nach Aufhebung der überkommenen Vermengung im Denken ein weltbildendes Schaffen fand, so schließt sich die Natur nach Austreibung der seelischen Größen zu einer strengeren Einheit zusammen und zeigt sich zugleich einer unvergleichlich größeren Leistung fähig. Die exaktmechanische Forschung mit ihrem Verstehen der Natur von kleinsten Elementen und Kräften her enthüllt einen Grundbestand der Dinge; wie sie von jenen Elementen her den vorgefundenen Stand aufs gründlichste durchleuchtet, so entdeckt sie nicht nur weit mehr Bewegung in der Natur und möchte sie mit ihrer Aufdeckung die Wirklichkeit nachschaffen, sondern sie will zugleich die Kräfte der Natur in den Dienst des Menschen ziehen und dadurch sein Leben gewaltig steigern; aus der modernen Naturwissenschaft entspringt die moderne Technik, die nicht nur im Einzelnen eine unermeßliche Förderung bringt, sondern die auch als Ganzes den Menschen anders zur Wirklichkeit stellt. Denn daß er nunmehr alle Unvernunft des Daseins mutig angreifen kann und dabei alle Schranken nur als zeitweilig gültig behandeln darf, das muß ihm ein stolzes Selbstgefühl verleihen und seinem Leben eine innere Freudigkeit einflößen. Wenn aber jene technische Gestaltung durchgängig das Äußere einer starken Wirkung auf das Innere fähig zeigt und dieses oft als einen bloßen Anhang behandelt, so wirkt nach ähnlicher Richtung der Fortschritt der Wissenschaft. Namentlich indem sie sich zur Entwicklungslehre gestaltet und auch die organischen Formen in das Werden und Wachsen hineinzieht, mag sie alles Seelenleben als ein bloßes Erzeugnis des Naturprozesses verstehen und auch seine Aufgabe nur in der Leistung für den Fortschritt dieses Prozesses erblicken.

Immer mehr verliert das Seelenleben die ihm früher zuerkannte Selbständigkeit, bis ins Einzelne hinein scheint seine Tätigkeit durch körperliche Vorgänge bestimmt. Weiter wirkt zur Steigerung der sichtbaren Welt das Hervortreten und Vorantreten der ökonomischen Probleme im modernen Leben. Nicht nur gewinnt dabei viel Altes, was bisher zerstreut war, zuerst einen Zusammenhang und zugleich eine gesteigerte Wirkung, die eigentümliche Gestaltung der modernen Arbeit erzeugt auch viele neue Probleme und gibt ihnen eine leitende Stellung im Menschenleben. Wie von hier aus die materielle Lebenshaltung als die Hauptsache im menschlichen Dasein erscheint, so wird der Kampf um sie zum Kern der geschichtlichen Arbeit; die Art, wie dies Problem gelöst wird, scheint den Zeiten ihren eigentümlichen Charakter zu geben. Galten dem Intellektualismus die Ideen als die Triebkräfte des geschichtlich-gesellschaftlichen Zusammenseins, so werden es nun in völliger Umkehrung die materiellen Interessen.

Indem sich diese verschiedenen Bewegungen zusammenschließen und das Ganze des Lebens an sich reißen, entsteht eine realistische Kultur, wie sie vorher noch nie vorhanden war. Denn so gewiß es den idealistischen Lebensordnungen nie an einem Widerspruch und an einer Gegenwirkung realistischer Denkweise fehlte, es blieb das mehr eine Sache der Einzelnen, und es drang nicht über ein kritisches und abwehrendes Verhalten hinaus zu einem selbständigen Aufbau vor. Daß dies in der Neuzeit geschieht, das verändert die Lage völlig. Denn nun erst kann der Realismus auch die geistigen Bedürfnisse der Menschheit zu befriedigen hoffen und dem Idealismus als ein selbständiges Lebensganzes mit vollgewachsener Kraft entgegentreten; der Kampf kommt damit in eine neue Phase, mehr als je geht er nun von Ganzem zu Ganzem, bei klarer Vergegenwärtigung muß er das ganze Leben in ungeheure Unruhe und Erschütterung versetzen. Zur Erhebung der Sache ins Ganze und Prinzipielle hat wiederum die Philosophie aufs beträchtlichste beigetragen; nur wird sie jetzt nicht als ein freischwebendes Denken den Dingen ihre Bahnen vorschreiben wollen, sondern sie wird sich möglichst eng dem Erfahrungszustande anschmiegen und ihre Hauptarbeit darin finden, sein Nebeneinander zusammenzufassen, es nach Comtes Ausdruck zu »systematisieren«. Comte mit seinem Positivismus darf überhaupt als das realistische Gegenstück Hegels gelten, der Gegensatz und zugleich auch die nahe Verwandtschaft der beiden Strömungen tritt in dem Lebenswerk dieser beiden Männer mit besonderer Klarheit zutage.

Das nämlich ist gewiß, daß die Ausbildung und der Zusammenstoß der Bewegungen innerhalb eines gemeinsamen Strebens erfolgt. Hier wie da ein Streben zur Welt, ein Durst nach Wirklichkeit, ein Anschwellen der Kraft, eine Umsetzung des Lebensdranges in gegenständliche Arbeit, eine Verneinung aller Scheidung der Welten, eine Zurückstellung der seelischen Innerlichkeit ethisch-religiöser Art, die sich im Christentum gebildet hatte, nun aber als zu matt und zu weich erscheint. Wenn jetzt die Befriedigung dieser Forderungen in entgegengesetzter Weise erfolgt, wenn einerseits die Innenwelt gar nichts Äußeres, anderseits die Außenwelt gar nichts Inneres duldet und dulden kann, wenn das Verlangen nach Einheit jeden der beiden Lebensströme auf Ausschließlichkeit zu bestehen zwingt, so ist keine Vereinbarung möglich, und es muß die Bewegung der

Neuzeit sich in einen unablässigen Kampf verwandeln; sie hat das in Wahrheit getan.

Zunächst war in diesem Kampf die Intellektualkultur im Übergewicht, sie war es nicht nur durch die Größe ihrer Weltgedanken und die eindringende Kraft ihrer Arbeit, sie schien sich auch leichter mit den überkommenen Formen des Idealismus verständigen und sich ihrer Kräfte bedienen zu können. Wenn so der Idealismus eine Stütze in der Geschichte fand, so war dem Naturalismus der unmittelbare Eindruck der Wirklichkeit günstig; dieser Eindruck hat sich unablässig verstärkt und läßt immer mehr eine Gestaltung des Lebens von innen her als ein verfehltes Wagnis erscheinen. Vor allem aber wirkt zugunsten des Realismus die fortschreitende Verbreiterung der Kultur; immer mehr Menschen werden zur Teilnahme, ja zur Mitentscheidung bei den letzten Fragen herangerufen, die von der Geschichte wenig berührt sind und von ihren Erfahrungen kaum etwas wissen, die daher nach den unmittelbaren Eindrücken der Gegenwart über die großen Probleme wohl oder übel entscheiden. Dazu kann niemand leugnen, daß unsere eigne Zeit keine kräftige und vollausgeprägte Bewegung geistigen Charakters zeigt. An den älteren Formen des Idealismus empfinden wir manches als veraltet, ohne dies Veraltete von einem Bleibendgültigen deutlich abzugrenzen; in der Zeit fehlt es an inneren Bewegungen keineswegs, aber sie fassen sich nicht zu einem Ganzen zusammen und können daher nicht die Menschheit zu Begeisterung und Aufopferung gewinnen. Demgegenüber steht der Naturalismus mit seiner Geschlossenheit, seiner sinnlichen Nähe, seinen leichtbegreiflichen Zielen; ist es ein Wunder, wenn dem Hauptzuge der Zeit sein Triumph schon entschieden gilt? Das freilich ist die Frage, ob das Urteil der Zeit eine endgültige Entscheidung enthält, und ob die Philosophie sich bei ihm beruhigen kann.

Daß sie es nicht kann, ließ uns die Durchwanderung der Geschichte zur Genüge ersehen. Denn wie viel dabei an der geistigen Leistung als problematisch und vergänglich erschien, es wurden dabei Kräfte und Tiefen des Lebens ersichtlich, die sich durch menschliche Meinung und Neigung wohl verneinen, nicht aber aufheben lassen; was das Leben an solcher inneren Beschaffenheit enthüllte, das liefert einen festen Anhaltspunkt, das enthält Forderungen, die befriedigt sein wollen, wenn das Leben nicht nur die Oberfläche und den Augenblick befriedigen soll. Hier aber liegt die Klippe, woran der Naturalismus scheitert, von hier aus begründet sich, daß er auf die Dauer nicht wird die Menschheit festhalten können. Daß er manche Unfertigkeit zeigt und manche Probleme als unlösbar zurückschiebt, das kann ihm nicht im mindesten zum Nachteil oder Vorwurf gereichen, denn an diesem Mangel haben alle Lebensgestaltungen zu tragen; daß er bei seinem Aufbau sich in manche Widersprüche verwickelt, das wiegt schon schwerer, aber der Mensch kann solche Widersprüche ruhig stehen lassen und sie gelassen ertragen; das aber muß ihn zerstören, daß er den Forderungen, die das Leben nach der durch seine geschichtliche Bewegung entfalteten Beschaffenheit notwendig stellen muß, nicht entspricht, ja daß er der Hauptrichtung dieser Forderungen direkt widerspricht. Mag die geschichtliche Bewegung viel Schwanken und gelegentlich auch eine Rückläufigkeit aufweisen, darüber kann kein Zweifel sein, daß sie immer mehr inneres Leben gegenüber der Außenwelt ausgebildet und dies Innenleben immer selbständiger gemacht hat; es ist eine Art von Umkehrung vor sich gegangen, indem sich mehr und mehr der Schwerpunkt von außen nach innen verlegte. Der Naturalismus selbst bekundet als Gedankensystem und Lebensganzes deutlich solche Überlegenheit des Inneren, denn ohne sie hätte sich nun und nimmer die Mannigfaltigkeit zusammenfassen, bearbeiten und als ein Ganzes erleben lassen. Jene selbständig gewordene Innerlichkeit erhebt nun aber den Anspruch, voll betätigt und befriedigt zu sein; wird sie es nicht, so kann alle Fülle zuströmender Eindrücke nicht eine Leere und schließlich auch ein Gefühl dieser Leere verhindern. Nun aber bietet der Naturalismus mit seinem Bauen von außen her für jene Innerlichkeit nicht das mindeste, da er das ganze Leben in eine Summe von äußeren Leistungen verwandelt; so wird sich gegen ihn unvermeidlich das Glücksverlangen des Menschen erheben; dies Verlangen entspringt nicht aus kleinlicher Selbstsucht, sondern aus einer inneren Notwendigkeit unseres Wesens, aus dem Verlangen nach einem Inhalt unseres Lebens und nach einem Sinn unseres Strebens.

Dies zerstörende Wirken des Naturalismus kommt nicht voll zur Geltung, weil er sich vielfach durch Gedankenmassen zu ergänzen pflegt, welche der Welt des Idealismus angehören. So pflegt er eine ethische Bewertung des Handelns, so pflegt er Größen wie Pflicht und Ehre, Gerechtigkeit und Humanität im praktischen Leben unbedenklich festzuhalten, obschon seine Welt nicht den mindesten Platz für sie hat; in ihr müssen sie nicht minder unglaubwürdig wirken als die krassesten Legenden und Wunder. Je mehr aber der Naturalismus seine vollen Konsequenzen entwickelt, desto unerträglicher muß ihm jener Dualismus werden, desto mehr muß er jene Ergänzungen als unmöglich empfinden und abstoßen, desto mehr muß aber auch seine Grenze und zugleich sein Unvermögen das Leben zu führen ersichtlich werden. So muß sein eigner äußerer Erfolg ihn innerlich zerstören, er scheitert nicht an dem Widerspruch mit irgendwelchen Überlieferungen und Einrichtungen – solchen Widerspruch darf keine Denkweise scheuen –, sondern an dem Widerspruch mit dem innersten Wesen des menschlichen Lebens, das sich gegenüber allen Irrungen der Individuen und Zeiten schließlich immer wieder durchsetzen wird.

Unsere Durchwanderung der Neuzeit zeigte als den hervorstechendsten Zug, ja als die herrschende Macht des Ganzen ein Zusammenwirken des Intellektualismus und des Naturalismus, sie widersprechen einander und sie ergänzen einander, sie sind aber darin einig, sich zu einer unpersönlichen Fassung des Lebens zu bekennen; unpersönlich ist hier die geistige Tätigkeit, indem sie durch einen logischen Prozeß getrieben wird, unpersönlich ist auch die Natur mit ihrer Kraftentfaltung. Alles, was außerhalb des Bereiches dieses Zusammenwirkens der Intellektualkultur und der Naturalkultur liegt, das scheint hier der bloßen Meinung und dem bloßen Wahn anzugehören; daß die moderne Kultur sich entschieden dagegen wendet, das vornehmlich scheint ihr Recht zu begründen und ihre Kraft zu erhöhen; so enthält sie eine durchgehende Verneinung alles dessen, was ihr ein Anthropomorphismus dünkt, nur die Austreibung dieses vermeintlichen Anthropomorphismus scheint sie in das Reich lauterer Wahrheit zu heben.

Nun aber geht keineswegs das ganze moderne Leben in dieses Maß ein, es entwickelt bedeutende Züge, welche die gesetzten Grenzen durchbrechen; es geschieht das aber in zwei Hauptrichtungen: durch eine moderne künstlerische Kultur und durch das Fortwirken der christlich-religiösen Lebensordnung.

Die künstlerische Kultur, wie sie die Höhe unserer klassischen Entwicklung bildet, verspricht den schroffen Gegensatz zwischen Vernunft und Natur, zwischen Denken und Sinnlichkeit durch eine umfassende Leistung, durch ein vordringendes Schaffen zu überwinden. Die Grundlage dessen ist antik, aber das Überkommene wird durch neue Züge bereichert, im besonderen wird mehr innere Einheit des ganzen Menschen und des ganzen Lebens verlangt. Hier widersteht einer praktisch-moralischen und verstandesmäßigen Gestaltung des Lebens eine künstlerisch-universale, ihrer Spaltung von Mensch und Welt ein Streben nach einer vollen Einigung beider. An der Hand der Kunst und Phantasie strebt hier der Mensch zu einer neuen Wirklichkeit, zu einem Reich der inneren Bildung und Schönheit, er findet im Innern der Seele jenseits der Schranken und Mißstände des gewöhnlichen Daseins ein neues und höheres Leben. Die damit vom Menschen erreichte Stellung zerstört aber keineswegs seinen Zusammenhang mit dem All. Denn bei dieser Überzeugung umfängt ein und dasselbe Leben, ein und dasselbe Grundgesetz ihn wie die Natur: überall ein Walten innerer Kräfte, ein Werden und Wachsen, ein Bilden und Gestalten. Natur und Geistigkeit aber erscheinen zugleich nahe verwandt und verschieden: was die Natur unbewußt und unter dem Zwange der Notwendigkeit tut, das erhebt sich beim Menschen zur Klarheit, Bewußtheit und Freiheit. Inneres und Äußeres sind hier eng aufeinander angewiesen; das Innere findet sich erst am Äußeren, das Äußere aber erschließt sich nur in der seelischen Aneignung; erst die gegenseitige Berührung und Durchdringung erzeugt lebensvolle Gebilde. Solches Herausbilden des Inneren und Beseelen des Äußeren wurde einem Goethe zur schaffenden Werkstatt des Lebens, ja zur Erlösung aus allen Nöten.

So können wir uns das moderne Leben nicht ohne eine Ergänzung und Veredlung durch diese künstlerische Kultur denken. Aber wir gewahren an ihr zugleich manche Probleme und Schranken, welche es unbedingt verhindern, diese Art des Lebens zu unserem Hauptleben zu machen. Vor allem ist die dort gesuchte Ausgleichung von Äußerem und Innerem nicht ohne starke Widerstände; solche Widerstände leisten sowohl die Natur als das Geistesleben. Die Natur wird hier lebensvoller und zusammenhängender gefaßt als die strengen und seelenlosen Begriffe des Mechanismus gestatten, es dringt hier ein antikes Element ein, das weniger eine wissenschaftliche als eine künstlerische Denkweise bekundet und das der Gefahr einer Vermenschlichung unterliegt. Von der entgegengesetzten Seite droht der Zweifel, ob die Tiefen und zugleich die Widersprüche des geistigen Lebens zu ihrem vollen Rechte gelangen. Das Dunkle und das Widerstrebende der Wirklichkeit wird hier zu leicht genommen. So wird wohl ein bedeutender Durchblick der Wirklichkeit erreicht, nicht aber das Ganze der Wirklichkeit dem geistigen Leben gewonnen.

Demgegenüber vertritt das Christentum auch innerhalb des modernen Lebens ein Element, das mit seiner Vertiefung und mit seiner Irrationalität den Gesamtbegriff des Lebens weiterbildet. Hier sind Äußeres und Inneres nicht zusammengehörige Seiten eines umfassenden Lebens, sondern das Innere erhält hier eine unbedingte Selbständigkeit, es wird zur Wurzel alles Lebens. Wohl droht dabei die Gefahr, die

Wirklichkeit zu sehr in die Begriffe und auch in die Interessen des bloßen Menschen zu ziehen, aber dieser Gefahr wird auf der Höhe des Lebens kräftig entgegengewirkt, und es wird hier ein rein bei sich selbst befindliches Leben gewonnen. Das ist aber untrennbar von einem Aufdecken ungeheurer Widerstände im Ganzen der Wirklichkeit; in ihrer Brechung oder doch Zurückdrängung wird eine überwindende Geistigkeit erreicht und der ganze Bereich des übrigen Lebens zu einer bloßen Umgebung herabgesetzt. Damit müssen sich alle Begriffe und Werte erheblich verschieben; was sonst vollauf genügte, wird jetzt ungenügend. Das Ganze der Wirklichkeit wird aus einem Datum ein Problem, der Kampf mit seinen moralischen Vorzeichen wird jetzt zum Hauptinhalt des Lebens. Diese supranaturalistische Ordnung trifft hart zusammen mit den rationalen Systemen, wie sie sich sowohl von der Form wie von der Kraft aus entfalten; es entsteht ein überaus schweres Problem von der Tatsache aus, daß einerseits jene rationalen Systeme den Umkreis der Wirklichkeit beherrschen, daß andererseits das Leben ohne jenes irrationale Element unrettbar einer Verflachung verfällt; ohne jenen Kampf, der durch das Ganze der Wirklichkeit geht, können die tiefsten Kräfte nicht in Bewegung kommen, ohne ihn sind die Grundelemente des Lebens nicht voll zu gewinnen. So ist auch dem modernen Leben diese Wendung unentbehrlich. Der Gesamtanblick zeigt demnach das moderne Leben zwischen verschiedene Bewegungen geteilt. Freilich behauptet die unpersönliche Welt, wie sie Intellektual- und Naturkultur umfaßt, jetzt noch eine gewisse Überlegenheit, aber sowohl in der künstlerischen Kultur und mehr noch in der ethisch-religiösen Ordnung erwachsen ihr wachsende Gegner; namentlich hebt sich der Gegensatz einer unpersönlichen Lebensführung deutlich von einer personalen Lebensführung ab; verschärft sich aber dieser Gegensatz, so muß auch das Verhältnis von Äußerem und Innerlichem sich wesentlich verschieben. So stehen wir hier vor einer neuen Lebensepoche.

Aus allen Gegensätzen hebt sich uns der eine als der entscheidende für die Lebensführung hervor: ist das Ganze des Menschenlebens nur etwas, das innerhalb eines gegebenen Daseins aus tiefem Dunkel auftaucht, und liegt innerhalb dieses Prozesses sein Entstehen wie sein Vergehen, oder ist es allem bloßen Dasein überlegen, erfolgt bei ihm eine Wendung von jenem zu einer Tatwelt und gewinnt es damit Anteil an einem begründeten Leben? Damit müssen sich alle Ziele und alle Werte völlig verändern. Dort steht es ganz und gar innerhalb der Erfahrung, hier aber ist es auf eine Metaphysik begründet, eine Metaphysik freilich nicht der bloßen Begriffe, sondern des Lebens selbst; dann haben wir die Wirklichkeit erst zu erkämpfen, dann treten auch die Begriffe von Außenwelt und Innenwelt in ein neues Licht. Dann entscheidet sich auch das, ob das menschliche Leben sinnlos oder sinnvoll ist, ob es an der Oberfläche eines gleichgültigen Getriebes dahinschwimmt, oder ob es zum Ganzen gehört und das Leben als eignes führen kann. Insofern steht es schlecht mit dem modernen Leben, daß es keinen Weg aus einem unerträglichen Widerspruch zu finden vermag: die bloße Erfahrung genügt ihm nicht, und sie kann ihm nicht genügen, zugleich fühlt es sich aber zu schwach, um einen selbständigen Standort zu gewinnen und von ihm aus ein selbständiges Leben zu entwickeln. Dieser Zwiespalt muß überwunden werden, er ist aber nicht zu überwinden ohne eine gründliche Umwälzung des gewöhnlichen Weltanblicks. Schließlich richten wir unseren Blick kurz auf das allgemeine Problem von Idealismus und Naturalismus zurück. Der Idealismus kann seinen Gegnern nur als ein umfassender und wesenbildender gewachsen sein, nur mit seinem Dringen auf eine Einheit des Lebens und auf eine Ablösung vom bloßen Menschen kann er ein eigentümliches Ziel stecken, das alle Mannigfaltigkeit des Strebens zusammenzuhalten und unter leitende Maße zu stellen vermag. Von hier aus wird der Gesamtbefund der Kultur einer Prüfung daraufhin zu unterziehen sein, was an ihm echter Art ist, und was dem bloßen Menschengetriebe angehört, was Geisteskultur oder Menschenkultur ist; die einzelnen Lebensordnungen aber sind in diese Bewegung, in diesen Kampf um ein Beisichselbstsein des Lebens und die Erschließung einer begründenden Tiefe der Wirklichkeit hineinzustellen; dadurch vornehmlich hat jener umfassender und charakteristischer Idealismus sein Recht zu erweisen, daß er alle jene Lebensentfaltungen zu würdigen, ihren bleibenden Gehalt von ihrer zeitlichen Gestaltung zu scheiden, sie in ihrer eignen Wahrheit zu bestärken, ihrem Verfallen ins Kleinmenschliche entgegenzuwirken vermag.

Diese Lebensführung einer selbständigen und wesenbildenden Innerlichkeit hat vor allem einen ethischen Charakter. Vornehmlich deshalb, weil bei dieser Überzeugung das Leben nicht eine ruhige Entwicklung bildet, sondern die Notwendigkeit einer Wendung von dem Dasein zur Tatwelt, also einer Umkehrung in sich trägt; diese Umkehrung kann aber unmöglich am Menschen nur vorgehen, sie verlangt seine eigne Tat und Entscheidung. Zugleich dulden diese Zusammenhänge keinen Zweifel darüber, daß jene Tat nicht beim Belieben und Behagen des Menschen steht, daß das Handeln jeder Stelle in das Ganze der Welt zurückgreift und dadurch eine große Verantwortlichkeit erhält. Eine so begründete Moral wird durchgängig das Leben seiner eignen Höhe und Wahrheit erst zuführen, sie wird es nicht klein und gebunden, sondern größer, freier und gefestigter machen, ist sie doch unvergleichlich mehr als eine bloße Regulierung des gesellschaftlichen Zusammenseins mit dem gegenseitigen Druck, als eine seelenlose Polizei des Lebens.

Auch die Religion gehört über die besondere Fassung hinaus zu dem hier erstrebten Leben. Befindet sich das Selbstleben mit seiner wesenbildenden Innerlichkeit in schroffem Widerspruch mit dem Durchschnittsstande der Menschheit, und kann es sich unmöglich von ihm her entwickeln, so ist es als die Eröffnung einer neuen Welt zu verstehen und anzuerkennen; alle Arbeit zur inneren Erhöhung des Menschen, alle echte Geisteskultur, enthält daher, wenn auch verborgen und wohl gar im geraden Gegensatz zum Bewußtsein der Handelnden, ein Bekenntnis zu einer solchen überlegenen Welt und zu ihrer lebendigen Gegenwart im menschlichen Kreise. Zur deutlichen Ausbildung aber gelangt der religiöse Charakter des Lebens, wo immer die Hemmung und die Entstellung, welche das Leben im Bereich der Menschheit erfährt, zu voller Klarheit gelangt, zugleich aber in seiner Aufrechterhaltung und seiner weiteren Vertiefung eine neue Erweisung jener überlegenen Welt gefunden wird. Eine so im Ganzen des Selbstlebens begründete Religion kann nicht den Menschen mit seiner gemeinen Glücksgier verstärken, sie kann nicht sein Leben ins Kleine und Enge treiben, vielmehr wird sie ihn mit der Eröffnung ewigen Lebens von aller dürftigen Punktualität befreien und ihm durch die Teilnahme an einem Weltkampf eine Größe und Weltüberlegenheit verleihen. Auch braucht hier das Göttliche nicht von draußen her an den Menschen zu kommen, da es sich im Lebensprozesse selbst durch Erschließung einer neuen Tiefe vollauf bekundet; zugleich wird sich hier das Denken und Sinnen weniger auf die Zukunft als auf eine zeitüberlegene Gegenwart richten. Dann läßt sich auch dem Gegensatz einer weltfremden Innerlichkeit mit ihrer Gleichgültigkeit oder gar Feindschaft gegen das sinnliche Dasein und eines Unterliegens unter ein von allen Seiten eindringendes Sinnliche erfolgreich entgegenwirken.

Auch ohne ein künstlerisches Schaffen kann der Aufbau einer selbständigen Lebenswelt im Bereiche des Menschen nicht gelingen. Fordert doch jener Aufbau ein Sichlosreißen von der verworrenen Anfangslage und ein Schaffen ihr gegenüber; würde solche Bewegung nicht ins Leere fallen, wenn nicht eine voraneilende Phantasie den unsichtbaren Gründen eine Gestalt zu geben und es mit eindringender, aufrüttelnder, anspornender Kraft gegenwärtig zu halten vermöchte? Wie viel das besagt, das zeigen am deutlichsten die geschichtlichen Religionen mit den eindrucksvollen Bildern neuer Welten, den Bildern vom Gottesreich und vom Weltgericht, von künftigem Himmel und Erde, oder auch von der endlosen Folge der Welten und der Wiedergeburt, Bildern, die bald der Menschheit eine tiefe Sehnsucht einflößten, bald sie mit Schrecken und Schauder erfüllten. Solcher wegbahnenden Phantasie bedarf es auf allen Lebensgebieten für jeden wesentlichen Fortschritt, es bedarf ihrer auch das Leben des Einzelnen; denn nur durch die Entwerfung und das Gegenwärtighalten eines Idealbildes von sich selbst kann es in eine innere Bewegung, in ein inneres Aufklimmen kommen und dadurch die träge Gewohnheit überwinden. Auch die Durchbildung dessen, was der innere Aufschwung fordert, verlangt ein Wirken künstlerischer Art. Allein ein solches kann, was auf der Höhe ersichtlich ward, der Breite des Lebens zuführen und die anfängliche Ferne und Fremde in eine vertraute Nähe und Gegenwart verwandeln. Ein derart in den Zusammenhängen der Wesensbildung begründetes künstlerisches Schaffen kann sich nicht vereinzeln und den Menschen auf den Weg eines weichlichen und entnervenden Ästhetizismus führen.

Die wissenschaftliche Arbeit und eine auf sie gegründete Kultur umfängt uns zu augenscheinlich mit förderlichem Wirken, als daß über ihre Bedeutung irgendwelche Zweifel bestünden. Ihre Unentbehrlichkeit wird gerade da zu voller Anerkennung gelangen, wo es gilt, einen neuen Lebenszusammenhang, eine bei sich selbst befindliche Wirklichkeit gegenüber der Seelenlosigkeit des Naturmechanismus wie der trüben Vermengung des menschlichen Daseins zu erringen. Denn welche Macht wäre geeigneter, mit ihren sachlichen Notwendigkeiten vom Kleinmenschlichen abzulösen und den Kampf dagegen zu führen, welche geeigneter, das Leben vom Zufall der jeweiligen Lage ins Gemeinsame und Zeitüberlegene zu heben, welche geeigneter, innere Zusammenhänge systematischer Art zu entwickeln? Das befreiende, erhöhende, umwandelnde Wirken des Wissens, sein Vermögen, dem sinnlichen Dasein gegenüber eine Welt von Gedankengrößen aufzubauen und gegenüber der Laune der Individuen sachliche Notwendigkeiten durchzusetzen, hat namentlich die Neuzeit mit packender Anschaulichkeit vor Augen gestellt; wir können es nicht entbehren, wo ein Aufstieg zur

Selbsttätigkeit und Selbständigkeit in Frage steht. Aber wir sind zugleich vor einer Überschätzung des Wissens sicher, wenn es uns als ein Glied eines weiteren Lebenszusammenhanges gilt, wenn wir namentlich überzeugt sind, daß es sowohl seine stärkste Triebkraft als seine nähere Gestaltung erst aus dem Ganzen des Lebens zu gewinnen hat, während es sich bei Ablösung davon leicht in ein Gewebe abstrakter Formeln verwandelt. Die Gefahren einer intellektualistischen Ordnung des Lebens stehen heute allen deutlich vor Augen, und an energischer Bekämpfung fehlt es nicht. Aber zu einem vollen Siege wird diese schwerlich gelangen ohne ein Zurückgehen auf die Wurzel des Wissens und den Aufweis seines Zusammenhanges aus dem Ganzen des Lebens.

Diese verschiedenen Seiten und Angriffspunkte des gesuchten Lebens werden sich leicht gegeneinander scheiden und in Zwiespalt miteinander geraten. Bei der Beschränktheit der menschlichen Natur mögen Individuen und Zeiten nach ihren besonderen Eindrücken und Erfahrungen das eine von ihnen voranstellen und daran die Hauptkraft und Gesinnung setzen; so scheiden sich die Wege, und ein heftiger Streit wird vollauf verständlich. Schwerlich wird dieser Streit je erlöschen, nur das kann die Aufgabe sein, ihm irgendwie überlegen zu werden und das drohende Auseinanderfallen des Lebens zu verhüten. Das aber wird erst möglich, wenn die verschiedenen Bewegungen sich von einem Lebensganzen umspannen und zu Bestrebungen nach ein und demselben Hauptziel gestalten lassen; dazu bedarf es eines energischen Sonderns und Sichtens, Klärens und Erhöhens des vorgefundenen Bestandes, durchgängig gilt es dabei vom Ganzen her zu sehen und den geistigen Gehalt von der menschlichen Zurechtmachung zu befreien. Aber soviel Mühe und Arbeit, Streit und Unsicherheit das mit sich bringt, im Gesamtergebnis kann es nur dazu dienen, uns von der Wirklichkeit eines Innenlebens und einer Innenwelt, von der Tatsache eines Hinauswachsens des Menschen über das bloßsinnliche Dasein zu überzeugen. Wie das Individuum einer inneren Aufgabe und eines selbständigen Seelenlebens vornehmlich gewiß wird durch Widersprüche im eignen Wesen, die es nicht ertragen kann, so ist auch der Menschheit die Stärke und die Aufregung der Kämpfe um die Gestaltung des Lebensinhalts das sicherste Zeugnis dafür, daß es hier in Wahrheit etwas zu suchen und zu erringen gilt, daß etwas von Bedeutung bei uns vorgeht, nicht bloß leere Einbildungen in Frage stehen. Die Zweifel und Kämpfe selbst zeigen mit zwingender Kraft, daß wir von einer Innenwelt nicht lassen können; ihre nähere Gestaltung aber wird das Hauptziel des Kampfes.

Die Anerkennung eines selbständigen Lebens wird in der Natur nicht eine gleichwertige Seite des Ganzen, sondern nur eine Stufe des Gesamtlebens sehen. Aber zugleich kann und wird sie die Bedeutung dieser der uns unentbehrlichen Stufe vollauf schätzen. Die Zurückverlegung der Innenwelt über den bloßen Menschen ist das sicherste, ja das einzige Mittel, den Wahrheitsgehalt des Naturalismus vollauf anzuerkennen, ohne in seine Bahnen zu geraten. Noch immer sträuben sich viele dagegen, das geschichtliche Werden des Menschen aus tierischen Anfängen, das langsame Aufsteigen geistiger Tätigkeit bei ihm, die strenge Gebundenheit alles Lebens an materielle Bedingungen vollauf anzuerkennen; es widerstrebt ihnen eine so enge Verkettung des Geisteslebens mit der Natur, weil sie seine Ursprünglichkeit und Selbständigkeit dadurch gefährdet glauben. Das aber kann nur so lange scheinen, als das Schicksal des ganzen Lebens an die menschliche Erfahrung geknüpft wird. Ist aber einmal klar geworden, daß wie immer das höhere Leben beim Menschen entstanden sein mag, es nun und nimmer von ihm letzthin erzeugt sein, in ihm vielmehr eine neue Weltstufe anzuerkennen ist, so kann alle Geringfügigkeit und Gebundenheit in unserem Kreise seine Selbständigkeit in keiner Weise erschüttern. Im Gegenteil wird dann jene Bedingtheit, ja jene Ohnmacht des Geistigen in unserem Bereich nur die Überzeugung verstärken, daß seine Wurzeln tiefer in den Grund der Wirklichkeit zurückreichen.

Zugleich darf auch unser Handeln die sinnliche und natürliche Seite unseres Daseins nicht als eine Nebensache behandeln. Wo die Natur als eine uns unentbehrliche Stufe der Wirklichkeit gilt, da ist die Kraft, welche diese Stufe enthält, für den Lebensprozeß voll zu gewinnen, damit er die nötige Kraft erlange; nicht in der Zurückziehung von der Natur, sondern nur in ihrer Überwindung, Aneignung und Durchdringung kann das Selbstleben seine volle Höhe und Stärke erreichen, kann es vom Umriß zu voller Durchbildung geführt werden. Dem Idealismus hat das mehr geschadet als alle Angriffe von außen her, daß er oft ein möglichst glattes und angenehmes Bild der Wirklichkeit zu bieten und die Vernunft als die volle Beherrscherin der Wirklichkeit darzustellen beflissen war. Das machte ihn unwahr und nahm ihm seine aufrüttelnde und vertiefende Kraft. Sind wir hingegen eines selbständigen Innenlebens sicher, so läßt sich die Fülle von starrer Tatsächlichkeit und blinder Unvernunft in unserer Welt vollauf anerkennen, ohne daß wir an den Zielen irre zu werden und das Streben herabzustimmen brauchen. Denn dann bedeutet unsere Welt nur eine besondere Art des Lebens, welche nicht die letzte Entscheidung bringt.

Wer dies alles überschaut und erwägt, der wird nicht zweifeln, daß unserer Zeit an diesem Hauptpunkte menschlichen Lebens eine große Aufgabe gestellt ist: einer Innerlichkeit kann sie nicht entbehren, das Leben droht sein Gleichgewicht zu verlieren, wenn dem unermeßlichen Anschwellen der Außenwelt nicht von innen her ein fester Kern und ein hohes Ziel entgegengehalten wird. Nun gewährt uns die Gegenwart bei aller Fülle das nicht; so gilt es einen neuen Standort zu erringen und eine zugleich überlegene und charaktervolle Einheit zu suchen. Mehr die Steigerung der Außenwelt als das Unsicherwerden der Innenwelt hat die gegenwärtige Krise verschuldet; um so mehr drängt es zu einer Vertiefung in uns selbst, zur Aufdeckung einer Einheit des Ganzen von innen her; nur so können wir den Verwicklungen gewachsen werden und einen Sinn und Wert unseres Lebens erlangen. Umrisse und Anregungen haben wir genug, aber es fehlt uns ein fester Zusammenhang und auch eine gründliche Auseinandersetzung mit den verschiedenen Bewegungen und Erfahrungen; so liegt alles daran, daß wir endlich zu uns selbst kommen und eine sichere Verbindung von Mensch und Welt im Ganzen des Lebens gewinnen.

DAS MENSCHLICHE ERKENNEN

Das Wahrheitsproblem

Wahrheit und Glück erscheinen unter menschlichen Verhältnissen oft als unversöhnliche Gegner. Im Streben nach Wahrheit findet der Mensch sein unmittelbares Dasein zu eng und zu klein, er möchte solcher Enge entrinnen und ein Leben mit der ganzen Weite der Unendlichkeit führen; hier scheint die größte aller Befreiungen zu winken: die Befreiung von allen Niederungen der Selbstsucht und von der Zufälligkeit einer besonderen Art; ein reineres, edleres, unendliches Leben steigt damit auf, ein Leben, das selbst ein so maßvoller Denker wie Aristoteles für mehr göttlich als menschlich erklären konnte. Von so hohem Streben ergriffen, scheint der Mensch sein eigenes Befinden gänzlich zurückstellen, ja es willig aufopfern zu müssen, wenn es der Dienst der Wahrheit verlangt. Völlig anders steht es beim Glücksverlangen. Hier wird alles, was den Menschen angeht und trifft, was ihn bewegt und zum Handeln treibt, auf einen Mittelpunkt bezogen, in dem sich das eigne Leben in ein Ganzes zusammenfaßt; danach wird alles Erlebnis gemessen und bewertet, von da aus strömt Liebe und Haß, strömt Glut und Leidenschaft in alle Unendlichkeit ein; was hierfür nichts leisten kann, das gilt als eine unnütze Zutat und darf uns nicht weiter bemühen; was immer hingegen bleibt, das muß sich von hier aus verstärken. So steht beim Glück das Subjekt, bei der Wahrheit das Objekt voran, dort eine energische Konzentration, hier eine unbegrenzte Weite, dort ein Hervorkehren, hier ein Zurückdrängen des Lebenswillens. Das Wahrheitsstreben mag leicht vom Glücksverlangen aus als kalt und matt, dieses aber von jenem aus als eng und selbstisch erscheinen.

Dieser Gegensatz liegt nicht außer der Philosophie, so daß jede Wendung zu ihr gegen das Glück und für die Wahrheit entschiede, er erstreckt sich in sie hinein und erzeugt auch im Denken zwei grundverschiedene Typen. In greifbarer Verkörperung stellen uns diesen Gegensatz Augustin und Spinoza vor Augen. Ein glühendes Glücksverlangen treibt und beseelt wie alles Streben so auch das Denken Augustins; nur dieses Verlangen, nur ein überwältigendes »Ich will« leitet ihn durch alle Zweifel hindurch und macht ihn allen Widerständen gewachsen; was er ergreift, das will er bezwingen und in eignes Leben verwandeln, auch in dem scheinbar Fernsten sieht er nur die Beziehung auf das Befinden des Subjekts und umklammert es danach mit seinen Gefühlen; so scheidet sich ihm alles in ein Entweder – Oder, in Gut oder Böse, in Tag oder Nacht, in Seligkeit oder Verdammnis; alle Vermittlung wird hier zu einer unerträglichen Mattheit. Spinoza dagegen bekämpft alles Hineintragen menschlicher Empfindungen und

Affekte in das All als eine gröbliche Entstellung, ja gänzliche Verfälschung, er möchte das übliche Weltbild davon befreien und unser Denken und Leben ganz und gar mit dem Gehalt der Dinge erfüllen. Die willen- und wunschlose Betrachtung wird hier zum Gipfel des Lebens, sie lehrt, die Dinge »unter der Form der Ewigkeit« zu schauen, alles Einzelne umfassenden Zusammenhängen einzufügen, die Geschehnisse nicht zu beweinen oder zu belachen, sondern sie zu verstehen. Alle wahrhafte Größe wird hier darin gefunden, nichts Besonderes für sich sein zu wollen, sondern ganz und gar in die Unendlichkeit aufzugehen; »wer Gott wahrhaft liebt, kann nicht verlangen, daß Gott ihn wieder liebe.«

Wer hat nun Recht, und wessen Ziel muß als das höhere gelten? Denn unmöglich läßt sich beides bei so schroffem Gegensatz der Hauptrichtung einfach zusammenfügen, eine Entscheidung ist nicht zu umgehen. Aber zugleich scheint sich auf keines völlig verzichten zu lassen, vielmehr scheint jedwedes eine gewisse Ergänzung durch die andere Seite zu fordern, die schroffe Spaltung muß sich irgendwie in eine Ausgleichung umwandeln lassen. Denn die Wahrheit, von der wir uns so viel versprechen und die so viel Arbeit und Eifer verlangt, muß doch unserem eignen Wesen irgendwie verbunden sein und irgendwie unserer Selbsterhaltung dienen; wie könnte sie sonst uns so stark beschäftigen und tief bewegen? Umgekehrt könnte ein Glück, das den Zustand des bloßen Subjekts nicht überschritte, das unsern Lebenskreis nicht irgend erweiterte und mehr aus uns machte, einem Vernunftwesen schwerlich genügen, es würde die Mühe nicht lohnen, die es kostet. So scheint im Wahrheitsstreben ein, wenn auch gedämpftes, Glücksverlangen zu wirken, dies Verlangen selbst aber der inneren Läuterung nicht entbehren zu können, die der Kampf um die Wahrheit verheißt. So drängt es zu untersuchen, wie weit eine Annäherung möglich ist, und ob sich die beiden Ziele in Gegenpole eines einzigen Lebens verwandeln lassen. Es wird dafür aber jede Bewegung für sich zu betrachten sein.

Der Begriff der Wahrheit gehört zu den Begriffen, die der erste Anblick einfach, ja beinahe selbstverständlich darstellt, die sich aber in dem Maße verwickeln, je mehr eine genauere Fassung versucht wird. Wenn das Alltagsleben von Wahrheit redet, so will es nur ein Bild, eine Meinung, eine Behauptung mit dem Tatbestande vergleichen, auf den sie sich bezieht; soweit dieser Tatbestand dem Bereich der Erfahrung angehört, ist solche Vergleichung leicht; es kann hier Wahrheit unbedenklich als eine Übereinstimmung unserer Vorstellung mit dem Gegenstande (adaequatio intellectus et rei) gelten. Aber dieser Wahrheitsbegriff kann schon deshalb dem Menschen nicht genügen, weil es ihn treibt, die natürliche Verkettung der Erscheinungen zu durchbrechen, die Welt zu überdenken und sein Verhältnis zu ihr abzuwägen. Er entwickelt einen eignen Gedankenkreis, unterscheidet ihn von der Welt der Dinge und muß nun fragen, wie sich das Ganze zum Ganzen verhält, wie weit sein Denken den Dingen entspricht. Es scheint damit dem Menschen eine große Aufgabe gestellt, er soll, so scheint es, durch einen dichten Nebel hindurchdringen, der ihm die Dinge verhüllt. Zugleich scheint damit das Leben den schwankenden Meinungen der Individuen überlegen zu werden und eine innere Festigkeit zu erlangen. Aber so viel jene Forderung verheißt, ist sie erfüllbar, enthält sie nicht einen Widerspruch? Die Dinge lassen sich nicht zugleich von uns entfernen und zu uns zurückziehen, der Begriff der Wahrheit als eines Abbildes der Wirklichkeit, als einer Übereinstimmung unseres Vorstellens mit einer daneben befindlichen Welt, braucht nur genauer durchdacht zu werden, um sich als unhaltbar zu erweisen. Denn nehmen wir an, der Mensch stünde neben den Dingen und die Dinge teilten sich ihm mit, würden sie sich seiner Natur nicht anpassen müssen und damit etwas anderes werden als sie bei sich selber sind? Eine Kluft und zugleich die Unmöglichkeit einer unmittelbaren Überbrückung muß um so mehr empfunden werden, je mehr der Fortgang der Kultur das Innenleben selbständig macht. Unmöglich können wir uns auf einen dritten Standpunkt versetzen und von ihm aus unser Bild der Dinge mit den Dingen selbst vergleichen. Erhält sich trotz solcher augenscheinlichen Unmöglichkeit dieser Lösung ein Verlangen nach Wahrheit, drängt es zwingend den Menschen zum Suchen eines Denkens und Lebens aus dem All, so wird eine gründliche Umwandlung unseres Verhältnisses zur Wirklichkeit nötig; nur eine solche kann uns das scheinbar Unmögliche irgendwie möglich erscheinen lassen. So war um die Entdeckung und Entwicklung eines solchen dem Widerspruch überlegenen Verhältnisses von alters her die Arbeit der Philosophie bemüht, alle Hauptepochen haben diese Frage in eigentümlicher Weise behandelt, es gab keinen großen Denker, der hier nicht eigne Wege versuchte, ja über die Möglichkeit einer Philosophie wie über ihren Grundcharakter wurde nirgends härter als an dieser Stelle gestritten. Das Streben der Gegenwart steht aber unter starker Einwirkung dieser geschichtlichen Arbeit; so werden wir diese in ihren Hauptzügen aufrollen müssen, um uns über die eigne Lage aufzuklären.

Das griechische Altertum hat wie oft so auch bei diesem Problem mit der naiven Ansicht nicht schroff gebrochen, aber es hat sie weitergebildet und ins Gedankenmäßige gehoben. Daß ein All vorhanden ist, und daß es den Menschen mit sicherem Wirken umfängt, das wird durchgängig vorausgesetzt und durch alle sonstige Verschiebung der Überzeugungen nicht angetastet; so findet die geistige Arbeit ihre Hauptaufgabe darin, das Verhältnis des Menschen zur Welt zu voller Klarheit herauszuarbeiten; zum Ziel des Wahrheitsstrebens wird hier das Welterkennen, die Aneignung der Welt. Diese herzustellen haben die Hauptepochen in verschiedener Weise versucht, und es zeigt der Verlauf dieser Versuche ein typisches Gepräge, so daß er sich ähnlich auch später findet. Zunächst herrscht der Gedanke einer Wesensverwandtschaft zwischen dem All und dem denkenden Menschen, dann tritt beides auseinander und das Subjekt muß bei sich selbst untrügliche Kennzeichen der Wahrheit zu ermitteln suchen, endlich erhält das Denken das Vermögen zugesprochen, sich selbst zur allumfassenden Welt zu gestalten und den Gegensatz von Subjekt und Objekt zu umspannen.

In der klassischen Zeit eines Plato und eines Aristoteles wirkt die Beseelung der Weltumgebung noch nach, die der naiven Denkweise angehört, und die dem Menschen das Verhältnis zur Welt als einen Verkehr mit seinesgleichen gestaltet. Denn wohl ist die anthropomorphe Form verblaßt, welche die Dinge wie kleine oder große Menschen behandelt, aber ein inneres Leben und Streben ist ihnen verblieben, und es scheinen dieselben Kräfte, die unser Leben bewegen, auch das All zu beherrschen, sie scheinen nicht vom Menschen in das All hineingetragen, sondern vielmehr vom All, das den Menschen umfängt, ihm mitgeteilt. Nur wegen solcher inneren Verwandtschaft oder vielmehr Zugehörigkeit darf er hoffen, das All in seine Gedanken zu fassen. Der Erkenntnisvorgang wird die Herstellung einer Berührung zwischen einem Hier und Dort, das von Haus aus aufeinander angewiesen ist, das aber zur vollen Einigung sich erst zusammenzufinden hat; diese Einigung erfolgt in der Anschauung, die hier der Liebe nahe verwandt ist. Für diese Stufe vornehmlich gilt das Wort des Dichters:

>*»Wär' nicht das Auge sonnenhaft,*
>*Die Sonne könnt' es nie erblicken,*
>*Läg' nicht in uns des Gottes eigne Kraft,*
>*Wie könnt' uns Göttliches entzücken!«*

Wohl ist die Wahrheit hier noch eine Übereinstimmung des Subjekts mit dem Objekt, des Denkens mit dem Sein, aber da das Erkennen nichts anderes ist als die Entwicklung der Wesensverwandtschaft des Geistes mit dem All, so ergibt jene Fassung keine Verwicklung; so darf hier die freudige Zuversicht walten, die volle Wahrheit der Dinge zu ergreifen und das Leben des Alls unverfälscht mitzuleben. Hier darf man hoffen, die Tiefe der Dinge sich anzueignen, da sich noch keinerlei Spalt zwischen einem Wirken und Wesen der Dinge aufgetan hat, im Wirken vielmehr das ganze Sein gegenwärtig ist. Bei solcher Fassung ist das Denken deutlich genug von aller bloßsinnlichen Anschauung geschieden, aber es nimmt in sich selbst eine gewisse Gegenständlichkeit, eine plastische Gestaltung auf und erhält damit eine Verwandtschaft mit jener; die wissenschaftliche Arbeit ist selbst eine Art von künstlerischem Bilden, ein Ansichziehen und inneres Beleben der Dinge, ein Zusammenschauen der Mannigfaltigkeit zu einer Einheit, ein Verwandeln des Chaos des sinnlichen Eindrucks in einen wohlgeordneten Kosmos; sie ist mit dem allen eine freudige Erhöhung des ganzen menschlichen Wesens.

Wie bei Plato dies alles mit dem Ganzen der Persönlichkeit unmittelbar zusammenhängt, so ist hier der künstlerisch-plastische Charakter des Denkens besonders ausgeprägt; das Selbständigwerden der wissenschaftlichen Forschung bei Aristoteles läßt diese künstlerische Art mehr verblassen, aber sie gibt sie keineswegs gänzlich auf. Es verbleibt ein enger Zusammenhang des menschlichen Lebens mit dem All, und es wird ein unermüdliches Wirken dahin gerichtet, die Welt in ein Gewebe von inneren Einheiten, Zwecken, Kräften zu verwandeln und sie damit dem Menschen geistig näherzurücken, sie ihm intellektuell durchsichtig zu machen. Zahllose Fäden spinnen sich damit zwischen ihm und seiner Umgebung, ja es wird eine energische Durchgliederung, eine systematische Anordnung der ganzen Wirklichkeit erreicht. Bei wachsender Scheidung und Klärung konnte jedoch der Anthropomorphismus nicht verborgen bleiben, den das Ganze bei aller Größe der Leistung enthält, er mußte wegen seiner Verstecktheit besonders gefährlich dünken; unmöglich konnte für die Dauer entgehen, daß vielfach das, was hier als Erklärung geboten wird, nicht mehr als ein Bild und Gleichnis bedeutet; zugleich konnte das Ganze als eine unerträgliche Vermengung von Bild und Sache, sowie als ein Hineinspielen vom Subjektiven ins Objektive empfunden und abgelehnt werden. So geschah es namentlich zu Beginn der Neuzeit der Scholastik gegenüber, um so mehr, da diese die Formen des Aristoteles festhielt, ohne seinen Geist und die inneren Zusammenhänge seines Denkens zu bewahren. Aber auch schon im Altertum drängte die fortschreitende Ablösung des Menschen von der Welt das Wahrheitsstreben über die klassische Lösung hinaus und trieb es auf neue Wege.

Einen solchen neuen Weg versuchte die Stoa. Auch sie zweifelt nicht an der Welt und an der Zugehörigkeit des Menschen zu ihr, aber jene enge Verbindung hat sich ihr gelockert; so nimmt sie den Ausgangspunkt beim Subjekt und sucht sich von ihm aus darüber klar zu werden, was als wirklich und wahr gelten dürfe. Viel Eifer wird daran gesetzt, bestimmte Kennzeichen zu ermitteln, welche echte Mitteilungen der Dinge von Einbildungen unterscheiden. Die Forschung versetzt dabei weniger in das eigne Leben und Wirken der Dinge, als sie gewisse Grundlinien des Ganzen entwirft und sie dem Menschen zur Überzeugung macht. Zugleich fällt das enge Bündnis zwischen der Philosophie und den Einzelwissenschaften, das die Forschung eines Aristoteles auszeichnet, jene Wissenschaften werden selbständig. Dafür wird der menschliche Lebenskreis genauer durchforscht und mehr in sich selbst vertieft, namentlich ist es die deutliche Heraushebung der ethischen Aufgabe, worin der Mensch einen innern Zusammenhang mit der Wirklichkeit und eine sichere Wahrheit zu gewinnen glaubt. Was hier an Wahrheit erscheint, das erhält eine Bekräftigung durch das Einsetzen der ganzen Persönlichkeit; die Aufrechterhaltung des Wissens wird selbst zu einer moralischen Tat, zu einer Denkhandlung. Aber dies Wissen mit dem Ganzen des Alls voll auszugleichen, ist hier nicht gelungen, die Welt, welche neben dem Menschen steht, ist vorwiegend logischer und physischer Art, bei Aufsteigen eines Zweifels kann der ethische Lebenskreis leicht vereinsamt und unsicher scheinen; damit gerät aber auch der Wahrheitsglaube ins Wanken. Was an Problemen und Widersprüchen in der stoischen Lehre lag, das hat die Skepsis mit ihrer von den Modernen viel zu wenig gewürdigten Leistung mit voller Schärfe hervorgekehrt; indem sich eine starre Kluft zwischen Subjekt und Objekt auftat, mußte der Zweifel weiter und weiter um sich greifen und aller Zugang zur Wahrheit als dem Menschen versperrt erscheinen.

Jener Spaltung aber hat nicht erst die Neuzeit, es hat ihr schon das Griechentum Widerstand entgegengesetzt; es geschah das vornehmlich in der weltumspannenden Spekulation des Plotin. Hier waltet kein Zweifel darüber, daß außer dem Denken befindliche Dinge unmöglich erkennbar sind; soll also nicht alles echte Erkennen aufgegeben werden, so sind die Dinge in das Denken hineinzuziehen; dies aber kann nicht anders geschehen, als indem das Denken sich selbst zum Gegenstand des Erkennens macht und damit die Scheidung überwindet, wenn das Erkennen nichts anderes ist als ein Sichselbsterkennen des Denkens. Die Forschung hatte dann nur diese Denktätigkeit kräftig herauszustellen und allen Befund der Erfahrung in sie umzusetzen; indem Plotin das in großem Zuge unternahm, hat er im Denken ein Beisichselbstsein des Lebens aufgedeckt und dies zur Seele der gesamten Wirklichkeit gemacht. Hier entfaltet sich ein Sehen der Dinge von innen nach außen, vom Ganzen zum Einzelnen, die ganze Wirklichkeit gerät hier in Fluß, ihre verschiedenen Reiche werden zu Stufen einer allumfassenden Bewegung. Wie eine wesenhafte Einheit alle Mannigfaltigkeit trägt, so hat das Erkennen vornehmlich mit dem Erfassen der Einheit zu tun, an jeder Stelle will es vor allem die Einheit sehen. In diesem Zusammenhange entspringt der Gedanke der Unendlichkeit, der alle Gegensätze umspannt, ja sie in eins zusammenfallen läßt. So wird in großartiger Weise die Welt vereinigt und mit innerem Leben erfüllt, das Hangen des einen am anderen, der durchgehende Strom des Lebens, die Notwendigkeit und die Wucht des Einheitsgedankens, sie werden hier in klassischer Weise zur Wirkung gebracht. Aber es geschieht das unter Aufopferung aller anschaulichen Welt, unter strenger Verwandlung der Wirklichkeit in ein Reich von logischen Beziehungen, das ein Gewebe bloßer Formen und Formeln gebildet hätte, wenn nicht eine Tiefe des Gemütes das Ganze mit religiöser Stimmung erfüllt und dadurch beseelt hätte. Aber dabei wird das Erkennen eben auf seiner höchsten Höhe aus wissenschaftlicher Einsicht ein dunkles Gefühl, eine freischwebende Stimmung. Mag auch darin ein Wahrheitselement verbleiben, den näheren Inhalt der Welt hat diese Art des Erkennens aufgegeben.

So finden wir eine reiche Bewegung auch innerhalb des Altertums und erkennen eine grobe Irrung darin, die besondere Art der klassischen Zeit auf das ganze Altertum auszudehnen. Darin aber verblieb durch alle Phasen eine Gemeinschaft, daß das Dasein einer Welt nicht erschüttert wurde, und daß das Verhältnis des Menschen zu ihr die Hauptsache war; in engem Zusammenhang damit behielt das Denken mit seinem Erkennen die Führung des Lebens. Wenn demgegenüber das Christentum das Verhältnis zu Gott, und zwar zu einem der Welt nicht sowohl innewohnenden als ihr überlegenen Gott, zum Kern des Lebens machte, so mußte das sowohl das Ziel als die Art des Wahrheitsstrebens aufs wesentlichste verändern. Das, woran nun an erster Stelle dem Erkennen lag, war die Gestaltung des Verhältnisses von Gottheit und Mensch; über sie aber konnte nicht wohl die Arbeit der Wissenschaft und überhaupt nicht das Vermögen des Menschen aufklären, sondern es bedurfte dazu einer Erschließung seitens der Gottheit selbst, einer göttlichen Offenbarung, »über Gott läßt sich nur von Gott lernen« (Athenagoras). Vom Menschen wird ein willfähriges Annehmen dessen, wird unbedingter Glaube gefordert; so gilt nur der Glaube, nicht das Wissen, als der Weg zu der Wahrheit, die über die Rettung des Menschen entscheidet. Dem Glauben wird als Vorzug vor dem Wissen nicht nur seine größere Sicherheit, sondern auch seine leichtere Verständlichkeit nachgerühmt, an ihm kann auch der einfachste Handwerker teilhaben, während zum Wissen immer nur wenige kommen. Den Inhalt der auf diesem Wege gewonnenen Wahrheit bilden aber große Weltgeschehnisse moralischer Art, namentlich bewegt sich alles um das Problem von Abfall und Rettung, alles andere wird zur bloßen Umgebung, nur von Gott und von der Seele brauchen wir nach Augustin etwas zu wissen. Damit wird der menschliche Gedankenkreis stark verengt, aber es besagt eine erhebliche Umwandlung des Gesamtanblicks der Wirklichkeit, wenn nun das Ganze der Welt von einem freien persönlichen Wesen getragen und von ethischen Aufgaben beherrscht wird. So darf hier der Mensch mit seinem Streben sich den tiefsten Gründen der Wirklichkeit verbunden wissen, er steht im Mittelpunkt der Welt und darf von der Wahrheit des Glaubensinhaltes felsenfest überzeugt sein. In dieser ethisch-religiösen Richtung schließt die ganze Welt sich ihm auf; denn darin scheinen die Dinge ihr tiefstes Wesen zu eröffnen, was sie für die innere Behandlung und Erhöhung der Menschheit leisten; selbst die Gestalten und Vorgänge der Natur werden zu Gleichnissen der heiligen Geschichte.

Aber der Begriff des Glaubens, der hier alle Gewißheit begründet, enthält Schwierigkeiten, die zunächst innerhalb des christlichen Gedankenkreises manche Verwicklung erzeugen, ihn schließlich aber selbst zu erschüttern drohen. Ein Gebiet des Wissens neben dem des Glaubens läßt sich nicht leugnen; damit wird zur Frage, wie beide sich zu einander verhalten; diese Frage kann verschieden beantwortet werden und ist verschieden beantwortet worden. Namentlich erscheint hier ein durchgehender Gegensatz einer universalistischen und einer positivistischen Denkart: die einen suchen Glauben und Wissen einander freundlich zu verbinden, die anderen sie möglichst scharf auseinander zu halten; danach wird jedes der Gebiete sich verschieden gestalten. Eine Verbindung wird einmal in der Weise erstrebt, daß das Wissen als eine Vorbereitung und als eine niedere Stufe dessen gilt, was im Glauben vollendet wird; aber trotz solcher Unterordnung wird durch die Verkettung mit einer in Gott begründeten Wahrheit dem Wissen eine Richtung auf große Probleme und ein spekulativer Charakter gegeben; der Glaubensinhalt wird hier vom Denken ergriffen, bearbeitet und durchleuchtet, der Glaube erscheint dabei als eine andere, höhere, erst durch göttliche Mitteilung mögliche Art des Wissens, aber er bleibt eine Art des Wissens. Diese Denkweise ist es, welche in der römisch-katholischen Kirche zur Oberhand gelangt ist und dort heute in sicherer Herrschaft steht. Im Mittelalter aber hatte sie hart mit dem anderen Typus zu kämpfen, der den kirchlichen Protestantismus überwiegend gewonnen hat. Diesem scheint jene Ausgleichung mit dem Denken die besondere Art des Glaubens, die Eigentümlichkeit der Tatsachen und die Unmittelbarkeit der Überzeugung zu gefährden; zu ihrer Wahrung dünkt eine möglichst scharfe Scheidung geboten, ein Entweder-Oder tritt jenem Sowohl-Als Auch entgegen. Damit entfällt alle spekulative Durchdringung des Glaubens; je weniger er aber als beweisbar gilt, desto mehr wird er zu einer Sache freier Entscheidung, er gilt als ein Akt des Willens, er wird zum Beispiel von Duns Skotus für ein »praktisches Verhalten« (habitus practicus) erklärt; die Tatsachen, auf die er sich gründet, kehren namentlich ihren geschichtlichen Charakter hervor und wollen als solche angenommen sein; das Wissen aber wird von jenen Grundfragen möglichst ferngehalten und auf die natürliche Welt gewiesen, es wird dabei mehr an die Erfahrung gebunden und mit ihr beschäftigt. Dieser Gegensatz einer universalistischen und einer positivistischen, einer dem Erkennen und dem Wollen folgenden Denkweise scheidet die Geister bis zum heutigen Tag; man sieht nicht, wie diese Gedankenwelt ihn überwinden könnte. Seine tiefste Wurzel liegt darin, daß das Christentum zugleich eine unvergleichliche geschichtliche Tatsache sein und eine universale Gültigkeit haben will; je nachdem dieses oder jenes vorantritt, wird sich die Denkweise so oder so gestalten.

Schwerer noch als dies Problem des Verhältnisses von Glauben und Wissen ist die Verwicklung im Begriff des Glaubens selbst. Von Anfang an wollte der Glaube mehr als das Wissen sein; rechtfertigen konnte er diesen Anspruch nur, wenn er einen Ursprung in einer größeren Tiefe der Seele erwies; er tat das oder versuchte es doch zu tun, indem er sich als eine Aufbietung und einen Ausdruck des ganzen Wesens, als eine Sache reinster Gesinnung und freier Entscheidung gab. Aber die Bereitwilligkeit, eine von Gott eröffnete Wahrheit anzunehmen und sich in ihrer Festhaltung durch alle Bedenken der Vernunft nicht beirren zu lassen, hat eine unerläßliche Voraussetzung: der göttliche Ursprung jener Lehre muß allem Zweifel enthoben sein, untrügliche Zeugnisse müssen uns seiner versichern. Ob aber in Wahrheit solche Zeugnisse vorliegen, das kann nur die Wissenschaft prüfen; so scheint dem Glauben ein Akt des Wissens vorangehen zu müssen. Das Bedenken, das damit erwächst, wäre leichter zu heben, wenn etwas in Frage stünde, das im Leben des Einzelnen entspringt und sich hier unmittelbar erweisen könnte; nun aber handelt es sich hier um weltgeschichtliche Tatsachen, die jenseits jenes Lebenskreises liegen und dem Einzelnen erst mitzuteilen sind. Wie kann ein Glaube an solche Tatsachen sein untrügliches Recht erweisen? Der römische Katholizismus hat diese Schwierigkeit mit der Behauptung eines der Kirche von Gott übertragenen unfehlbaren Lehramts zu überwinden geglaubt, aber diese Behauptung hat er erst zu erweisen, er kann das aber nicht ohne die Hilfe der Wissenschaft, welche sich mit den Einwendungen der historischen Forschung auseinanderzusetzen hat; so wird das Fundament des Glaubens abhängig von derselben Wissenschaft, über welche der Glaube den Menschen hinausheben wollte. Im Durchschnitt des Lebens ist hier der Glaube nicht mehr als ein willfahriges Annehmen dessen, was die Gemeinschaft als Wahrheit entgegenbringt, Tradition und Autorität werden hier die Bürgen der Wahrheit. Der Protestantismus konnte aber den Glauben nicht unmittelbar im Einzelnen entstehen lassen ohne vorauszusetzen, daß die begründenden Tatsachen jedem Einzelnen nahe sind und ihm unmittelbar einleuchten müssen; daß die Sache keineswegs so einfach steht, daran können wir heute nicht zweifeln. Neuerdings wird eine Gewißheit des Glaubens vornehmlich durch eine Verbindung von seelischen Erlebnissen und geschichtlichen Tatsachen gesucht, Psychologie und Geschichte sollen zum selben Ziele zusammenwirken. Nun aber ist jedes von beiden durch die moderne Forschung in seiner Glaubwürdigkeit bei diesen Fragen erschüttert, die Verbindung zweier unsicherer Größen kann aber nun und nimmer volle Gewißheit bringen, zwei Hälften ergeben hier kein volles Ganzes. So ist heute der Glaube, der den Menschen allem Zweifel entheben sollte, selbst ein Gegenstand des Zweifels geworden; seine Überzeugungskraft gilt nur so weit, als eine geschlossene religiöse Welt den Menschen als selbstverständlich umfängt und ihm das Dasein wie die Nähe der Gottheit ebenso einleuchtend macht wie seine eigne Existenz. Gerät jene Welt ins Wanken, ja verliert sie nur irgendwie an der vollen Gewißheit, die sie für den mittelalterlichen Menschen besaß, so wird der Glaube aus einer sicheren Grundlage der Wahrheit zu einem schweren Problem.

Je mehr die Neuzeit eine selbständige Art entwickelt hat, desto mehr ist ihr die spezifisch religiöse Denkweise zurückgetreten und bis in ihre Grundlagen erschüttert. Dem Wahrheitsproblem erwächst daraus zunächst eine große Unsicherheit. Aus den Zusammenhängen der Welt, die im Altertum den Menschen sicher umfingen, hat ihn das Christentum herausgerissen, auch das gesteigerte Innenleben der Seele verbietet ihm eine einfache Rückkehr zur Welt. Aber auch der Gottheit weiß der moderne Mensch sich nicht mehr sicher, jedenfalls beherrscht das Verhältnis zu ihr nicht mehr das Ganze seines Lebens.

Wohin kann er sich bei solcher Lage noch wenden, um volle Wahrheit zu finden, und welchen Sinn kann dieser Begriff noch haben? Nirgend anders kann der Mensch nach jenen Erfahrungen Wahrheit suchen als bei sich selbst: sein eignes Leben muß eine Tiefe haben, die für ihn selbst zunächst wie eine schwer zugängliche Ferne zurückliegt, mit deren Hilfe er aber in sich eine Welt zu entdecken oder vielmehr sich selbst zu einer Welt zu erweitern hoffen mag; es gilt dann eine Verlegung des Lebens nicht in etwas, das sich außer oder über uns befindet, sondern in etwas, das uns selbst angehört, das aber nur durch ein energisches Vordringen, ja durch eine Umkehrung unser volles und eignes Leben werden kann. Eine Wirklichkeit wird hier nicht vorgefunden, sondern sie ist von innen her aufzubauen; die Wahrheit ist hier ein Streben des Lebens zu sich selbst, ein Suchen des eignen Wesens; so kann sie nicht die Übereinstimmung mit einer gegebenen Wirklichkeit sein, sie wird eine Übereinstimmung mit sich selbst, ein Sichzusammenschließen, Unabhängigwerden und Selbsterhöhen des sonst zerstreuten und gebundenen Lebens. Ihre Bestätigung kann nur darin liegen, daß mit der Wendung zu ihr das ganze Dasein in ein ursprüngliches Leben verwandelt, wesentlich erhöht und zugleich zu einem Ganzen wirklichkeitsbildenden Schaffens verbunden wird.

So wird hier zum Hauptproblem, den Punkt zu finden, wo im Menschen ein ursprüngliches und schöpferisches Leben als die Tiefe seines eignen Wesens hervorbricht; je nach dem er sich gestaltet, wird sich auch die Wirklichkeit und die Wahrheit verschieden gestalten; daß aber irgendwie ein solches Leben erreichbar sei, das ist die gemeinsame Voraussetzung jenes Vernunftglaubens, der das Schaffen der

Neuzeit durchdringt und bei ihren leitenden Denkern zu deutlicher Aussprache kommt. Diese dem Menschenwesen innewohnende Vernunft muß jetzt beim Wahrheitsproblem die Stelle des Alls und der Gottheit vertreten. Auch das ist allen Versuchen gemeinsam, daß hier die Bewegung nicht von einer vorgefundenen Welt zum Menschen, sondern vom Menschen zu einer erst aufzubauenden Welt geht; diese Bewegung zieht alles an sich, was anfänglich draußen liegt, sie duldet nichts, was nicht den Forderungen entspricht, die ihr innewohnen, alles Vorgefundene muß sich ihnen fügen und anpassen, um überhaupt bestehen zu können. Es leuchtet ein, wie sehr das menschliche Wirken sich damit gegen die ältere Art verändert, wie sehr es an Selbständigkeit gewinnt, wie viel aktiver und produktiver, aber zugleich auch wie viel unruhiger und kritischer es wird; es wird im Bilden der Welt darauf bestehen, die Dinge von ihren ersten Ursprüngen her zu entwickeln und zugleich eine Herrschaft über sie zu gewinnen; das bestimmt vornehmlich den Charakter der modernen Wissenschaft, das treibt aber weiter zu einer völligen Erneuerung des menschlichen Daseins.

Die Frage, wo im Menschen ein solches Leben aufsteigt, berührt sich eng mit dem schon früher erörterten Unternehmen, im Denken die überlegene Macht zu finden, die das sonst auseinanderstrebende Dasein zusammenhält und geistig bewältigt. Denn es überwiegt zunächst ganz und gar die Neigung, das Denken für jenes ursprüngliche Schaffen zu erklären, da es den Menschen bei sich selbst über das Kleinmenschliche hinaushebt und ihn durch die Verwandlung in ein Weltleben zur Wahrheit führt. Das Denken vornehmlich war es, was durch die Jahrhunderte hindurch die Herausarbeitung sachlicher Notwendigkeiten und weiter Zusammenhänge unternommen und sie gegen die Enge und Gebundenheit kleinmenschlicher Art durchgesetzt hat; es hat sich in solcher Bewegung immer freier über das unmittelbare Dasein des Menschen erhoben, sich fester bei sich selbst zusammengeschlossen und immer mehr alles, was ihm wie eine eigne Welt gegenüberlag, in sich hineingezogen. In solchem Vordringen des Denkens lassen sich drei Hauptstufen unterscheiden, die der Aufklärung (Descartes, Spinoza und Leibniz), die der kritischen Philosophie (Kant), die der konstruktiven Spekulation (Fichte, Schelling und Hegel).

Wenn die Aufklärung das Wahrheitsstreben beim denkenden Subjekte begann, so mußte sie in ihm einen bestimmten Inhalt und eine bewegende Kraft entdecken, sie fand diese in den »eingebornen Ideen«, den »ewigen Wahrheiten«, die einen völlig sicheren Stammbesitz des Menschengeistes zu bilden schienen. Indem diese ewigen Wahrheiten sich entwickeln, die umgebende Welt ergreifen und sie ihren Forderungen unterwerfen, entsteht ein Reich der Vernunft und gewährt dem Menschen eine, wie es scheint, allgemeingültige und unantastbare Wahrheit. Aber in den Stand der Wahrheit zu bringen ist wie das Bild der Natur so auch der Kreis des Menschen erst durch mühsame Denkarbeit; es gilt eine durchgehende Klärung und Sichtung, die alles ausscheidet, was der Durchleuchtung widersteht; was aber die Probe besteht, das wird kräftiger belebt und fester verbunden. So entspringt die exaktmechanische Naturwissenschaft, so entsteht eine Vernunftkultur, die alle überlieferten Befunde prüft und nichts duldet, was sein Recht nicht klar und deutlich vor der Vernunft zu begründen vermag. Dies Unternehmen zieht sein Selbstvertrauen und seine Kraft vornehmlich aus der Überzeugung, daß die Vernunft nicht eine Sache des bloßen Menschen ist, sondern daß sie das All beherrscht; nur so kann, was er als Wahrheit erkennt, über ihn hinaus eine schrankenlose Gültigkeit haben; er selbst aber gewinnt durch das Teilnehmen an einer solchen allgemeingültigen Wahrheit und am Aufbau eines Reiches der Vernunft eine hohe Lebensaufgabe und ein vollbefriedigendes Glück. So meint Leibniz, die ganze Erde könne »unserer wahren Vollkommenheit nicht dienen, es sei denn, daß sie uns Gelegenheit gibt, ewige und allgemeine Wahrheiten zu finden, so in allen Weltkugeln, ja in allen Zeiten und, mit einem Wort, bei Gott selbst gelten müssen, von dem sie auch beständig herfließen«. Wie aber bei Leibniz, so ruht überhaupt der Glaube der Aufklärung an den Besitz allgemeingültiger Wahrheit auf der Überzeugung, daß die menschliche Vernunft in einer göttlichen, weltumspannenden begründet sei; diese Überzeugung wird zunächst in engem Anschluß an die überkommene transzendente Fassung des Gottesbegriffes zu begründen gesucht; der Glaube an die Wahrhaftigkeit Gottes darf uns unserer eignen Vernunft zuversichtlich vertrauen lassen, wenn sie die ihr gesetzten Ordnungen gewissenhaft befolgt. Die immanente Denkweise Spinozas gestaltet aber die Sache dahin, daß ein Weltdenken in uns selbst unmittelbar gegenwärtig ist, daß nicht sowohl wir denken, als es in uns denkt; es gilt also nur uns eines solchen Denkens zu versichern; das aber können wir nach Spinoza, wenn wir unsere intellektuelle Arbeit von aller Einwirkung menschlicher Zustände und Zwecke befreien und sie lediglich durch die innere Notwendigkeit des Denkens selbst bestimmen lassen. Denn das ist es, was das gewöhnliche Weltbild unzulänglich und irrig macht, daß hier der Mensch als der Mittel- und Zielpunkt aller Wirklichkeit behandelt wird, daß namentlich die Gegensätze menschlicher Empfindungsweise, wie gut und böse, schön und häßlich in das All hineingetragen sind und sein Bild aufs ärgste entstellt haben; die erste Bedingung der Wahrheit ist daher eine bescheidene Zurückhaltung des Menschen, eine willige Unterordnung unter die Notwendigkeiten der Sache, wie das Denken sie enthüllt; der Mensch muß den Schwerpunkt seines eignen Wesens verlegen, verlegen aus dem wirren Getriebe der Affekte in ein affektloses Denken, in eine willen- und wunschlose Betrachtung der Dinge. Ein solches reines Denken aber kann ihn in ein Weltleben versetzen, ihn von allem Kleinmenschlichen befreien, ihm ein ewiges und unendliches Leben erschließen und dadurch volle Ruhe und Seligkeit gewähren.

Aber so hoch damit Spinoza das Denken stellt und so sehr er es sich ganz aus sich selbst bewegen, aus eigner Notwendigkeit fortschreiten läßt, er nimmt ihm nicht alle Beziehung zu draußen befindlichen Gegenständen, er hält daran fest, daß das Denken unter Entfaltung seiner eignen Art und Notwendigkeit zugleich einem neben ihm befindlichen Sein entspricht; an die Stelle der Übereinstimmung tritt hier ein Parallelismus von Denken und Sein; er scheint dadurch möglich zu werden, daß ein und dasselbe Grundgeschehen des Alls beide Reihen umspannt und in ihnen zum Ausdruck kommt. Aber bei dieser Lösung ist nicht nur jene Voraussetzung eines allumfassenden Weltgrundes anfechtbar, auch das Verhältnis der beiden Reihen bereitet schwerste Verwicklung. Schon dies muß Bedenken erregen, daß jene beiden bei Spinoza nirgends zu gleicher Schätzung gelangen, sondern daß immer die eine der andern untergeordnet wird: entweder wird das Denken eine bloße Spiegelung der Natur, deren Gesetze sich damit zu Gesetzen des Alls erweitern, oder das Denken bildet den Kern der Wirklichkeit, und die Natur kann nicht mehr als seine Erscheinung und Umgebung bedeuten. Auch darüber hinaus ist der Zweifel nicht zu unterdrücken, ob bei der Unvergleichlichkeit beiden Seiten der Gedanke eines Parallelismus nicht ein völlig unmöglicher Gedanke sei, ob er nicht in sich selbst einen Widerspruch enthalte. Aber alle solche Zweifel können nicht die Größe des Strebens Spinozas verdunkeln, im Menschen selbst eine Weltnatur aufzudecken, in seinem eignen Bereiche Bloßmenschliches und Kosmisches zu scheiden; wenigstens sehen wir nicht, wie der moderne Mensch sich in anderer Weise zur Wahrheit finden könnte. Aber war es richtig, daß er jene Weltnatur lediglich und allein in die intellektuelle Tätigkeit setzte und alles übrige Leben als eine niedere Stufe behandelte? So kam er nur zu einer Welt logischer Formen und Formeln, deren Kälte und Seelenlosigkeit hätte sofort erhellen müssen, wenn nicht eine völlig andersgeartete mystisch-religiöse Denkweise das Ganze belebt und erwärmt hätte. Es gibt keinen Philosophen, der bei gewaltiger Energie des Denkens im Grundgewebe so sehr aus Widersprüchen zusammengesetzt ist wie der Denker, den manche als den Gipfel des Einheitsstrebens preisen. Eine neue Stufe erreicht das Wahrheitsstreben bei Kant. Hier erst gelangt zur vollen Klarheit, daß Wahrheit im Sinne einer Übereinstimmung des Denkens mit einem draußen befindlichen Sein ein völliges Unding ist; da aber zugleich mit größter Entschiedenheit auf irgendwelcher Wahrheit bestanden wird, so müssen sich wesentliche Verschiebungen im Wahrheitsbegriffe vollziehen; in der Tat erfolgt hier eine Umkehrung im Verhältnis von Denken und Sein. Es hat sich, so wird nun gelehrt, nicht das Denken nach dem Sein, sondern das Sein nach dem Denken zu richten, das heißt nur so weit wissen wir von einer Wirklichkeit, als Dinge in die Formen unserer geistigen Organisation eingehen; die Wahrheit wird damit für uns aus einem Erkennen der Dinge ein Selbsterkennen des Menschengeistes, der sich – allerdings auf einen von ihm unabhängigen Anstoß hin – eine eigne Welt bereitet. Diese Selbsterkenntnis übertrifft alles, was frühere Zeiten davon hatten, und gewinnt einen unvergleichlich reicheren Inhalt, indem in jenem Weltaufbau eine innere Struktur, ein weitverzweigtes Gewebe des Geisteslebens ersichtlich wird; in ihrer Ermittlung entsteht eine neue Art der Betrachtung, die transzendentale, welche sich mit der inneren Möglichkeit der Erkenntnisse beschäftigt, gegenüber der empirisch-psychologischen, die sich auf das Werden und Wachsen beim einzelnen Menschen beschränkt. Der Anblick der Wirklichkeit wird dadurch völlig umgewandelt, daß nunmehr alles, was er an Zusammenhängen bietet, alles was er im besonderen an Behauptungen über letzte Gründe enthält, als nicht der Wirklichkeit selbst angehörig, sondern als vom Menschen in sie hineingelegt gilt. So kommt der Mensch beim Wahrheitsstreben nicht über sich selbst hinaus, er erreicht im Erkennen keinen Punkt, wo ein Alleben in ihm hervorbricht, sondern er bleibt stets an den eignen Gedankenkreis gebannt, der unter besonderen Bedingungen entstanden ist, der daher nicht allgemeingültig sein kann. Daß das Denken des Menschen kein Schaffen ist, das steht für Kant außer Frage.

Aber wenn so die kantische Wendung vom Objekt zum Subjekt das Erkennen des Menschen tief herabsetzt und die Wahrheit zu einer bloß relativen zu machen droht, so bringt sie uns in eine unvergleichlich bessere Lage auf dem Gebiet der praktischen Vernunft, in der Moral. Denn hier vermag sich nach Kant das Subjekt zu schaffender Tätigkeit zu erheben, alles spezifisch Menschliche auszuscheiden und damit zu einer vollen Wahrheit vorzudringen. So hat der Denker keinen Zweifel daran, daß der letzte Sinn der Welt ein moralischer ist, und daß der Mensch durch die Teilnahme daran eine allgemeingültige Wahrheit, ein Leben übermenschlicher Art und zugleich eine unvergleichliche Größe und Würde erreicht. Das alles freilich nur in dieser besonderen Richtung, und nicht sowohl durch ein wissenschaftliches Erkennen, als durch eine innere Aneignung in der Art des Glaubens, die nicht aufgezwungen werden kann, sondern die eine freie Anerkennung, ein inneres Aufklimmen des Lebens verlangt. So fehlt es hier keineswegs an einer Umkehrung der vorgefundenen Wirklichkeit, am Ergreifen einer Weltnatur im Menschen und damit an einer Metaphysik, nur ist diese völlig anderer Art als alle früheren.

Mit der kantischen Leistung beginnt für das Wahrheitsstreben in Nein und Ja eine neue Epoche. Die Unmöglichkeit des alten Wahrheitsbegriffes wird einleuchtend, und es wird zugleich die philosophische Behandlung des Wahrheitsproblems von der naiven endgültig geschieden, es fällt aller unmittelbare Zusammenhang des Denkens mit den Dingen, es fällt zugleich das Vermögen des Denkens, durch freischwebende Spekulation dem Menschen ein Reich allgemeingültiger Wahrheit zu eröffnen. Aber wenn so der Mensch die Verbindung mit einer ihn umgebenden Welt verliert, so gewinnt er dafür im eignen Wesen eine neue Welt; eben die Begrenzung des Wissens scheint es möglich zu machen, das Wahrheitsstreben mit der Wendung zur Moral auf eine neue Grundlage zu stellen, die einfacher, sicherer und fruchtbarer ist als alle frühere Gestaltung. Es wird hier eine gründliche Befreiung des Wahrheitsstrebens von allem bloßen Intellektualismus erstrebt und damit auch der Begriff der Wahrheit vertieft, es wird im besonderen eine schärfere Scheidung von Subjektivem und Objektivem im Erkennen vollzogen.

Aber daß diese Wandlungen keinen Abschluß brachten, sondern neue Probleme erzeugten, das bekundet schon der harte Streit über die Deutung Kants, das bekundet auch die Tatsache, daß die philosophische Bewegung so rasch über Kant hinausgegangen ist. Läßt sich das Subjekt, wie es hier verstanden wird, zu einem inneren Gewebe des Lebens erhöhen und zugleich beim Erkennen einer undurchsichtigen Welt verketten? Ist es möglich, in der Moral ein besonderes Gebiet über das übrige Leben zu voller Selbständigkeit, schöpferischem Wirken, absoluter Wahrheit hinauszuheben? Wird nicht entweder dies Neue auch das andere zu sich emporheben, oder aber zu seiner Gebundenheit und seiner bloßmenschlichen Art herabsinken? Wird die Spaltung zwischen theoretischer und praktischer Vernunft mit den entgegengesetzten Lebensbewegungen, unter die sie den Menschen stellt, für die Dauer zu ertragen sein? So viel ist gewiß: Kant hat nicht einen Abschluß gebracht, der die Gemüter friedlich verband, sondern er hat eine gewaltige Unruhe und viel Streit erzeugt.

Wir wissen, daß zunächst das Verlangen nach mehr Einheit der Gedankenwelt das Streben auf neue Bahnen trieb. Das erkennende Denken, das Kant so scharf von der Welt geschieden hatte, wird nun zur schöpferischen Werkstätte der ganzen Wirklichkeit, es wächst unter energischer Abhebung vom bloßmenschlichen Befinden zu einem Weltprozesse, der durch seine eigne Bewegung alles Sein hervortreibt, alles scheinbar Fremde sich zu eignem Besitz gestaltet und durch die innere Bewältigung des Ganzen sein Recht erweist, ohne einer Bestätigung von draußen zu bedürfen. Diese Bewegung, die in Fichte mit führender Kraft und feurigem Eifer einsetzt, erreicht in Hegel ihre vollendete Höhe und ihre reifste Durchbildung. Das Denken ist hier gänzlich über das bloße Subjekt hinausgehoben, es hat zum Träger die geschichtlich-gesellschaftliche Arbeit, die selbst dadurch eine Zusammenfassung und Vergeistigung erfährt. Die treibende Kraft des Prozesses liegt hier darin, daß das Denken aus sich selbst Widersprüche erzeugt und überwindet, daß es dadurch weiter und weiter geführt wird, bis es schließlich den ganzen Umkreis des Daseins in sich verwandelt und zugleich seiner eignen Wahrheit zugeführt hat. Da der Mensch bei gründlicher Abstoßung alles beschränkten Meinens und eigenwilligen Strebens sich ganz und gar in jene Bewegung, in jenes Sichselbstentfalten des Geisteslebens zu versetzen vermag, so scheint er hier ganze und volle Wahrheit zu erreichen; im ganzen Lauf der Geschichte ist kein so freudiges und stolzes Gefühl des Wahrheitsbesitzes anzutreffen. Unsere Gedankenwelt erfährt aber bei diesem Unternehmen eine eingreifende Umwandlung dahin, daß alle Mannigfaltigkeit zu einem einzigen Gewebe verbunden, scheinbar Getrenntes zueinander in Beziehung gesetzt, alles Ruhende in lebendigen Fluß gebracht, alles bloß Tatsächliche logisch durchleuchtet und rationalisiert wird.

Das Ganze dieser Leistung hat unser Vermögen sehr gesteigert, es kann nicht einfach verschwinden. Aber als abschließendes Ganzes mußte diese Lösung des Wahrheitsproblems bald Widerspruch finden. Sie schloß die Annahme in sich, daß das geistige Leben der Menschheit Geistesleben schlechthin, absolutes Geistesleben bedeute, sie überspannte damit das menschliche Vermögen, was gerade dem Verlauf des 19. Jahrhunderts mit seiner wachsenden Erkenntnis der Gebundenheit des Menschen unerträglich wurde; sie konnte ferner jene Umsetzung der Wirklichkeit in einen Denkprozeß nicht vollziehen, ohne sie entweder in ein Reich bloßer Schatten und Schemen zu verwandeln oder sie aus einer reicheren Gedankenwelt zu ergänzen, damit aber die eingeschlagene Bahn zu verlassen. Wir wissen, wie viel Widerstand das Ganze dieser Denkart gefunden hat, wie es namentlich daran scheiterte, weil der Denkprozeß seine Überlegenheit gegen den Menschen nicht zu behaupten vermochte, weil das Subjekt die gesteigerte Beweglichkeit des Denkens ungestüm an sich riß und damit einen unbegrenzten Subjektivismus erzeugte, dem alle überlegene und gemeinsame Wahrheit entschwindet.

So befinden wir uns jetzt dem Wahrheitsproblem gegenüber in einer höchst unsicheren und verworrenen Lage. Die geschichtliche Bewegung hat einen Bruch mit der naiven Fassung der Wahrheit vollzogen, der sich nicht wieder zurücknehmen läßt; sie hat Ansprüche erweckt, denen unser Vermögen nicht gewachsen scheint, und die wir doch nicht aufgeben können. Freilich fehlt es in der Neuzeit nicht an Versuchen, diese Ansprüche herabzumindern und ohne Metaphysik irgendwelche Wahrheit zu gewinnen. So verwandelt der Positivismus das Erkennen in ein bloßes Feststellen und Beschreiben der Beziehungen von Dingen, deren Wesen uns schlechthin unzugänglich ist, so verwandelt der Pragmatismus das Erkennen in ein Mittel und Werkzeug menschlichen Wohlseins. Aber über derartige Begrenzungen drängt nicht bloß ein Eigensinn der Theorie hinaus, die zu einem gegebenen Dasein irgendwelche »Metaphysik« ersinnen möchte, sondern es drängt dazu die geistige Art des Menschen mit unwiderstehlicher Macht. Daß wir nicht einem bloßen Gewebe von Beziehungen der Dinge angehören, das bekundet zur Genüge schon die Tatsache, daß wir unser Verhältnis zur Umgebung abzuwägen, in ein Ganzes zu fassen und die Beziehungen als Beziehungen zu erkennen vermögen; sobald wir uns aber überzeugen, daß hinter dem Bereich unseres Erkennens noch eine us unerreichbare Welt liegt, können wir nicht umhin, unsere Leistung, als der bloßen Oberfläche der Dinge angehörig, ungenügend zu finden. Was dabei als Schranke des Denkens leidlich zu ertragen wäre, das wird unerträglich als Schranke des Lebens. Denn hier, wo es alle Kraft zu erwecken und zusammenzufassen gilt, ist auf letzte Ziele nicht zu verzichten und muß daher das Bewußtsein, mit aller Mühe und Arbeit nie über die Oberfläche hinaus zu einem Grundbestande durchzudringen, eine unsägliche Leere ergeben, bei welcher keine kraftvolle Natur endgültig abschließen kann. War es ein Zufall, daß Comte selbst schließlich mit Aufbietung seiner ganzen Seele sich neue Ideale schuf, zufällig, daß Mill wie Spencer am Ende ihres arbeitsreichen Lebens die Schranken der von ihnen dargebotenen Lösung schmerzlich empfanden, daß also alle Führer des Positivismus durch ihre eigne Natur über jene Denkweise hinausgedrängt wurden? Zur Natur mag der Mensch sich wie zu etwas Äußerlichem stellen, obwohl auch das seine Grenze hat, zu den anderen Menschen und namentlich zu sich selbst kann er nicht in einem solchen Verhältnis verbleiben.

Damit aber fällt der Positivismus, der nur äußere Beziehungen kennt und die eigne Seele als etwas Fremdes betrachtet.

Was aber den Pragmatismus betrifft, der zeitweilig auch in Deutschland mehr Beachtung gefunden hat, so sei seinem Streben, das Wahrheitsproblem dem Ganzen des Lebens enger zu verbinden, volle Anerkennung gezollt; nur eine solche Verbindung kann die Wahrheit sicher begründen und fruchtbar gestalten. Aber es kommt darauf an, was unter jenem Ganzen des Lebens verstanden wird. Besagt es nicht mehr als das geschichtlich-gesellschaftliche Zusammensein, wie es sich in der Breite der Erfahrung darstellt, so unterläge damit das Wahrheitsstreben all der Zersplitterung, dem Gegeneinanderwirken der Kräfte, dem selbstischen Glücksstreben des bloßen Menschen, der geringen geistigen Regung des bloßen Durchschnitts, so würde die Wahrheit der Nützlichkeit aufgeopfert, vermenschlicht und damit zerstört. Solcher Mißstand muß uns aber nach all den Bewegungen und Erfahrungen der weltgeschichtlichen Arbeit zur deutlichen Empfindung kommen; wie über die bloße Natur so sind wir auch über das bloßsoziale Dasein hinausgewachsen, wir können nicht umhin, dieses Dasein an den Forderungen unserer geistigen Existenz zu messen, wir können nicht umgekehrt diese Forderungen von jenem abhängig machen. Man muß den Durchschnittsstand aufs stärkste idealisieren, um ihm das Streben nach echter Wahrheit ohne schwerste Schädigung einfügen zu können. Oder man muß ein anderes Leben als das jener gesellschaftlichen Sphäre anerkennen. Wo das aber klar und mit folgerichtiger Ausführung geschieht, da wird eine gründliche Wandlung der ersten Weltlage nötig, da gerät man doch wieder in die Bahn der Metaphysik, da wird auch das Wahrheitsstreben in dem alten Sinne einer Befreiung des Menschen vom bloßen Menschen und der Gewinnung eines neuen, wesenhaften Lebens wieder aufsteigen. So verbleibt es bei dem Worte Hegels, daß ein hochgebildetes Volk ohne Metaphysik wie ein Tempel ohne Allerheiligstes sei. Nur sei unter Metaphysik nicht etwas verstanden, was zu einer geschlossenen Welt müßigerweise hinzugedacht wird, sondern etwas, das durch energische Umkehrung des Daseins allererst zu einer festen und wesenhaften Wirklichkeit führt.

So ist ein endgültiger Verzicht ohne eine schwere, eine unerträgliche Erniedrigung des Lebens unmöglich, wir werden das Streben nach Wahrheit in jenem höheren Sinne wiederaufnehmen müssen. Nun kann das freilich nicht in einfachem Anschluß an eine frühere Leistung geschehen, die Erfahrung der Geschichte zeigt uns aber die Richtung, in der wir das Ziel zu suchen haben. Nach ihr dürfen wir nicht daran zweifeln, daß wir weder von der Welt noch von einer jenseitigen Gottheit her, sondern nur aus dem der Menschheit gegenwärtigen Leben jenes Streben aufnehmen können. Zugleich ist gewiß, daß es nicht vom unmittelbaren Befunde des Seelenlebens ausgehen kann, wie die empirische Psychologie ihn ermittelt, sondern daß es eine Umkehrung, eine Versetzung in ein ursprüngliches, selbsttätiges, schöpferisches Leben verlangt; nur ein solches kann den Menschen ein wesenbildendes Weltleben und damit Wahrheit gewinnen lassen.

Das Ergebnis unserer geschichtlichen Betrachtung läßt sich in der Hauptsache kurz zusammenfassen. Das Altertum und die Neuzeit verfolgten verschiedene Wege, aber die Verschiedenheit schließt keineswegs gewisse typische Züge aus, welche durch alle

Zeiten gehen. Zunächst verblieb das Erkennen noch in enger Verwandtschaft mit dem naiven Weltbilde, so herrschte der Gedanke einer Wesensverwandtschaft zwischen dem Menschen und dem All; dann schieden sich Subjekt und Objekt deutlicher, und es entstand die Aufgabe vom Subjekt her eine feste Richtschnur zu finden; endlich schien das Denken selbständig genug, alle Wirklichkeit aus sich selbst hervorzubringen und damit den Gegensatz von Subjekt und Objekt umzuspannen. Diese Unterschiede wirken auch in die Neuzeit hinein.

Im Ganzen der Neuzeit vollzieht sich aber eine tiefgehende Wendung, indem nun nicht die Welt, sondern der Mensch oder vielmehr das bei ihm hervorbrechende Leben den Ausgangspunkt der Forschung bildet. Eine Wirklichkeit wird hier nicht unabhängig von uns vorgefunden, sondern der Mensch hat sie erst zu ermitteln, ja er hat sie durch sein geistiges Vermögen aufzubauen. Dabei traten hier drei Hauptstufen deutlich auseinander, die Stufen der Aufklärung, der kritischen Philosophie, der spekulativen Philosophie. Allen Arten der alten und der neuen Philosophie war aber gemeinsam das Streben nach einer rationalen Deutung der Wirklichkeit, das Christentum dagegen vollzog einen Bruch mit solcher Deutung und bekannte sich zu einem irrationalen Bilde von Leben und Welt. Hier klafft eine schroffe Kluft.

Weiter gaben die Hauptepochen des Erkennens dem Denken selbst eine verschiedene Färbung: die Höhe des Altertums verficht ein gestaltendes, das Christentum ein persönliches, die Neuzeit ein schaffendes Denken; so gewiß ein gemeinsames Denken diese einzelnen Arten umspannt, so besteht nirgends ein farbloses Denken, jedem schaffenden Geist ist ein charakteristisches Denken zuzuerkennen; diese charakteristische Art gilt es durchgängig deutlich herauszuarbeiten. Bloß ein schulmäßiges Denken hat keinen Anteil an dieser schöpferischen Entwicklung.

Im Fortlauf der modernen Bewegung hat das Erkenntnisproblem seinen bedeutendsten Ausdruck bei Kant und bei Hegel gefunden; mit diesen beiden Denkern muß jedes weitere Streben sich auseinandersetzen. Dort schied sich von der empirischen Betrachtung eine transzendentale und gab der Wirklichkeit mehr Tiefe, mehr Zusammenhang, mehr Belebung. Das Weltbild aber wird in allen seinen Teilen aufs gründlichste umgewandelt, wenn alles, was es an Verbindung aufweist, nicht auf die Dinge selbst, sondern auf den Menschen kommt. So wird die Wirklichkeit vom Objekt zum Subjekt verschoben. Über alle Bedenken und Zweifel aber hebt die Tatsache einer weltbildenden Tätigkeit im Reich der Moral; damit erst erreicht das Wahrheitsstreben einen festen Abschluß, damit erst wird es volle Wahrheit. Auch Hegel hat eine selbständige Tätigkeit weltschaffender Art aufgedeckt und damit eine innere Verbindung des Menschen mit der Wirklichkeit gewonnen. Aber hier besteht jene Tätigkeit im Denken selbst, in einem Denken, das sich sowohl über die bloße Vorstellung als über alle menschlichen Zwecke zu souveräner Stellung emporhebt, das in sich selbst ein Gesetz und eine Kraft fortschreitender Bewegung trägt, und das dadurch alles Dasein in ein Gedankenreich verwandelt. So gefaßt, steht das Denken nicht neben den Dingen, sondern erzeugt es die Dinge, die in ihm ihr eignes Wesen und ihre volle Wahrheit finden. Wie bei Kant, so bildet auch bei Hegel die Freiheit den höchsten Wert, aber die Freiheit ist hier aus dem Moralischen ins Intellektuelle, aus der Gesinnung in die

Kraft verlegt. Da damit die Freiheit aus dem Persönlichen ins Unpersönliche fällt, so entsteht ein intellektuelles Kraftsystem, das den Gipfel des modernen Intellektualismus bildet.

So erwächst ein grundverschiedenes Bild der Wirklichkeit und zugleich des Erkennens, aber der Gegensatz verbleibt innerhalb einer gemeinsamen Art. Beide Denker suchen und entwickeln ein Leben, das über den bloßen Menschen hinaushebt, das sich als einen völligen Selbstzweck gibt und durch eigene Kraft bewegt, das ein Reich der Innerlichkeit als eine Tatwelt dem Dasein entgegensetzt; hier ist die Kluft zwischen dem Menschen und der Welt überwunden und damit der Mensch einer Wahrheit teilhaftig geworden. Daß diese Lösungen des Hauptproblems nicht zufällige Versuche, sondern die einzigen Hauptmöglichkeiten sind, das bezeugt der Hintergrund, den ihnen das gemeinsame Leben der Menschheit gibt. Sie bilden nämlich die Höhepunkte der beiden Hauptrichtungen dieses Lebens. Beide Richtungen wollen den Menschen über die bloße Natur erheben, aber die eine sucht das auf dem Wege der Umwandlung der Gesinnung, in der Bildung einer Innenwelt des Gemütes und des Glaubens; diese Bewegung behandelt als ihren Grundbegriff die moralische Persönlichkeit, sie verkörpert sich in den Religionen und den moralischen Ordnungen des Lebens; ihre philosophische Höhe bildet Kant. Hinter der hegelischen Gedankenwelt steht dagegen die unpersönliche Gestaltung der Wirklichkeit, steht die Kulturbewegung mit ihrem Streben nach einer Unterwerfung und Beherrschung der Wirklichkeit durch geistige, insbesondere durch intellektuelle Kraft. So erkennen wir deutlich hier die beiden Hauptpole des Lebens und Schaffens, so wird hier dem Wahrheitsstreben mit seinem Verbinden des menschlichen Lebens mit den tiefsten Grundlagen der Wirklichkeit eine deutliche Richtung gewiesen; der Hauptkampf entbrennt hier bei der Frage, was den Schwerpunkt des Lebens bildet. Das völlige Auseinandergehen jener beiden Denker zeigt, daß hier ein schroffer Zwiespalt bis in den Grund des Lebens zurückreicht, es zeigt auch dieses, daß zwischen Moral und Kultur ein oft sehr gespanntes Verhältnis besteht. Die Kraft und das Selbstgefühl, welche die Kultur erzeugt, erscheinen der Moral leicht als eine ungebührliche Überspannung menschlicher Kraft; die von der Moral aber besonders gepflegte Gesinnung erscheint der Kulturarbeit leicht als matt und schwach, ja als eine Hemmung unbegrenzten Lebens. So läuft in der modernen Wendung wie das Ganze des Lebens so auch das Wahrheitsstreben in einen unversöhnlichen Gegensatz aus; aufs dringendste bedürfen wir einer überlegenen Lebenseinheit, welche dem Zwiespalt von Handeln und Denken, von persönlichem und unpersönlichem Leben entgegenwirkt; wenn uns das Wahrheitsstreben in Unsicherheit geraten ist, so trägt die Hauptschuld daran, daß uns das Ganze des Lebens auseinanderzufallen droht. Uns muß es an dieser Stelle genügen, das Hauptproblem zu bezeichnen; ob seine Lösung der modernen Menschheit in leidlicher Weise gelingen kann und wird, das entscheidet sowohl über den Sinn unseres Lebens als über die Möglichkeit eines vollen Wahrheitsstrebens, eines Wahrheitsstrebens, das sich nicht mit einzelnen Teilen begnügt, sondern das die Menschheit als Ganzes zu einem mutigen Vordringen aufruft.

Ruht so das Streben nach Wahrheit auf einem Verlangen nach Einheit und Wesenhaftigkeit des Lebens, so läßt es sich unmöglich aller kräftigen Affekte entkleiden und in eine Sache gelassener Betrachtung und affektloser Resignation verwandeln. Denn jene Fassung läßt deutlich erkennen, daß in ihr als bewegende Kraft der Trieb der geistigen Selbsterhaltung wirkt; ohne seine elementare Kraft würde es nun und nimmer gelingen, den Druck der vorhandenen Welt zu überwinden und ihr gegenüber eine neue Welt der Selbsttätigkeit aufzubauen. Nur insofern hat auch die Resignation ein Recht, als jene geistige Selbsterhaltung, wie sie von der natürlichen grundverschieden ist, so auch viel Verneinung und Entsagung verlangt; aber diese Verneinung muß die Kehrseite einer Bejahung sein, wenn sie nicht matt und unfruchtbar bleiben soll. Leicht wäre zu zeigen, daß es auch bei Spinoza an einem positiven und freudigen Lebensaffekte in der Tiefe des Wesens keineswegs fehlt. Steht es aber so, dann fällt die unversöhnliche Feindschaft zwischen Wahrheit und Glück, dann wird das Wahrheitsstreben zur Läuterung und Veredelung des Glücksverlangens, nicht zu seiner Unterdrückung, wirken, dann wird es ihm helfen können, die Verwicklungen zu überwinden, denen es zu unterliegen droht.

DAS MENSCHLICHE HANDELN

Das Glücksproblem

Mit dem Glücksproblem sich zu befassen hat unsere Zeit besonders dringenden Anlaß. Denn sie zeigt einen merkwürdigen Kontrast zwischen der Größe der Leistungen der Zeit und der Unsicherheit ihres Glücksgefühles. In erfolgreicher Kulturarbeit übertreffen wir alle anderen Zeiten; wie weit sind wir voran in der Zerlegung der Natur, der Bewältigung und Benutzung ihrer Kräfte, der humanen Gestaltung des menschlichen Zusammenseins! Aber es läßt sich nicht leugnen, daß alle diese Leistungen uns nicht zu einem frohen und sicheren Lebensgefühle verhelfen, daß eine pessimistische Stimmung eine große Verbreitung gefunden hat und noch immer weiter um sich greift. Wie kommt es, daß bei uns sich Arbeit und Glück nicht zusammenfinden?

Wenn solcher Zwiespalt uns zwingt, das Wesen und die Bedingungen des Glücks zu erwägen, so begegnet uns sofort ein schweres Bedenken. Darf der Mensch überhaupt das Glück zum Ziel seines Strebens machen, bekundet es nicht eine Enge und Kleinheit der Gesinnung, alles Streben vornehmlich darauf zu richten, was es an Glück gewährt? Auch die Erfahrung scheint deutlich zu zeigen, daß nicht nur einzelne Menschen, sondern ganze Völker und Religionen auf Glück zu verzichten vermochten; auch Denker allerersten Ranges haben eine Erhebung über das Glücksstreben gefordert. Aber sehen wir genauer zu, so finden wir den Kampf weniger gegen das Glück überhaupt als gegen niedere Fassungen des Glücks gerichtet; auch in dem, wodurch man es zu ersetzen glaubte, ist schließlich immer wieder ein Verlangen nach Glück zu erkennen; man wollte etwas anderes als die Mehrzahl, immer aber hielt man dem vorgefundenen Stande des Lebens einen anderen als einen höheren und besseren entgegen und suchte dafür die Gesinnung und die Kraft des Menschen zu gewinnen; ist das nicht ein Verlangen nach Glück? So strebt nach Glück auch der indische Weise, wenn er das Leben möglichst verneinen, es in den Stand einer völligen Ruhe, ja Gleichgültigkeit versetzen möchte. Denn es scheint ihm dann das Aufgehen in das All oder gar die völlige Vernichtung ein besserer Zustand zu sein als das vorgefundene Leben mit seinen Mühen und Sorgen, seinen Aufregungen und Enttäuschungen. Auch braucht das Glücksstreben sich keineswegs an die Enge und Dürftigkeit des natürlichen Ich zu binden. Vielmehr kann es gerade dies erstreben, ein neues, reineres, edleres Wesen zu erreichen, ein Leben, das von jenem Ich ablöst und doch ein tätiges und kräftiges bleibt. So sehen wir, daß der Begriff des Glückes kein einfacher ist, und daß der Widerspruch weniger das Glück selbst als niedere und unzulängliche Fassungen des Glückes trifft. Ja es muß der Mensch sein Streben unter den Glücksgedanken stellen, weil er nur damit die ganze Kraft seines Lebens und die Innerlichkeit seiner Gesinnung in das Handeln hineinlegen kann; nichts vermag er mit voller Hingebung zu ergreifen, was ihm nicht eine volle Befriedigung seines Wesens verspricht. Grundverschiedenes verstehen wir unter Glück, aber nur ein mattes Denken kann schlechtweg auf Glück verzichten; alles wahrhaftige Leben ist selbsteignes Leben, zu diesem aber gehört notwendig das Glück.

Schon diese Betrachtung zeigt, daß das Glück nichts einfaches ist, daß wir darum uns bemühen und kämpfen müssen. Die materiellen Güter mit ihrer natürlichen Selbsterhaltung können dem Menschen nicht genügen, und was gewöhnlich als Zufriedenheit gepriesen wird, pflegt von kläglicher Flachheit zu sein. Die bloße Zufriedenheit entspricht der Stufe des Tieres, auch unsre Ziegen sind zufrieden, wenn sie zusagendes Futter erhalten; vergleichen wir aber die verschiedenen Stufen der menschlichen Lage, so finden wir leicht, daß je niedriger der Mensch steht, er desto leichter zu befriedigen ist. Je höher er steigt, desto mehr muß ihn nicht bloß das eigne Befinden, sondern der Gesamtstand der Wirklichkeit beschäftigen, desto enger verschlingt sich ihm das eigne Streben mit den Aufgaben und Geschicken des Ganzen. Das gibt auch hier der weltgeschichtlichen Betrachtung einen Wert. So wollen wir auch bei diesem Problem die Zeiten schleunig durchwandern, nicht um alle Fülle individueller Lösungen des Problems zu betrachten, sondern um nur die Haupttypen zu zeigen, die das Leben der Menschheit ausgebildet hat, und mit denen uns zu befassen wir nicht aufhören können.

Wiederum beginnen wir mit der Höhe der antiken Kultur. Die Beantwortung der Frage nach dem Glück ruht hier auf einer eigentümlichen Stellung zu Leben und Welt, welche durch alle Entfaltung des Griechentums geht. Das Ganze der Welt erscheint hier als ein wohlgeordneter, von innerem Leben erfüllter Kosmos, innerhalb dieses steht auch der Mensch, und aus ihm schöpft er seine Kraft wie seine Freude; wohl wird hier auch ein Widerstand gegen die Vernunft anerkannt, aber er greift nicht in die Grundbestände zurück; das Böse erscheint mehr als ein Abzug von dem Guten, als ein minder Gutes, denn als eine selbständige, die Welt spaltende Macht. So ist hier die Grundstimmung bei allem Ernst positiver Art, die Bejahung des Lebens hat das entschiedene Übergewicht. Das menschliche Streben wird hier von der Überzeugung getragen, daß die Freude des Lebens vor allem in der Tätigkeit liege, daß es daher vornehmlich gelte, sich in den Stand der Tätigkeit zu versetzen, sich zu den Dingen nicht leidend, sondern handelnd zu verhalten. Im Lauf der griechischen Entwicklung hat freilich die Tätigkeit sich immer weiter von der Berührung mit der unmittelbaren Umgebung zurückgezogen und in das Innere des Menschen, ja schließlich in das Verhältnis zu einem weltüberlegenen Sein verlegt, immer aber verblieb der Glaube an die Tätigkeit und die Freude an der Tätigkeit. In dem Kampf, den schließlich Plotin gegen das Christentum führte, war das eine Haupterwägung, daß dieses zu sehr den Menschen auf fremde Hilfe hoffen und harren lasse, während das Gute nur siegen könne, wenn jeder selbst die Waffen ergreife und kämpfe. Nach griechischer Überzeugung bedarf die Tätigkeit keines Lohnes, um den Menschen zu gewinnen; sie erfreut und belohnt durch sich selbst, wie nach Aristoteles' Ausdruck alles Leben eine »natürliche Süßigkeit« hat.

Nun aber entsteht die Frage, worin die Tätigkeit liege, die das Leben zu beherrschen und zu erfüllen vermag; dabei mußten die Denker eigene Wege gehen. Sie suchen aber dasjenige, was die Tätigkeit auf ihre Höhe führt, in dem, was den Menschen von den übrigen Wesen unterscheidet und vor ihnen auszeichnet; dieses aber ist die Vernunft, die sich hier näher als das Denken bestimmt. Kraft seines Denkens kann der Mensch die Zerstreuung der sinnlichen Eindrücke und die Flüchtigkeit der äußeren Anregungen überwinden und beharrende Größen und Ziele ergreifen, ja kann er das ganze Gebiet des bürgerlichen Lebens mit seinen kleinen Zwecken hinter sich lassen und in der Anschauung des Alls mit seinen ewigen Ordnungen und seiner wunderbaren Schönheit ein wahrhaftiges und dauerhaftes Glück finden; von hier aus kann er zum Menschen und seiner Seele zurückkehren und auch hier einen höheren Stand erstreben, als ihn der Durchschnitt zeigt.

Eine individuelle Gestaltung und energische Durchbildung gibt diesem Streben zuerst Plato. Sein Glücksverlangen trägt in sich eine energische Verneinung und Abstoßung des gewöhnlichen menschlichen Daseins; flüchtig, äußerlich, scheinhaft dünkt ihm alles, was hier an Glück geboten und angepriesen wird. Aber dem Denker eröffnet die Wissenschaft einen Weg zur Anschauung einer ewigen Ordnung der Dinge, die sich seiner ins Große und Anschauliche strebenden Art zum Ganzen einer Welt der Gestalten zusammenschließt. Diese Ideenwelt bleibt bei aller Überlegenheit uns nicht innerlich fremd; dem, der mit voller Kraft zu ihr aufstrebt, vermag sie zu vollem Besitz, zu eignem Leben und Wesen zu werden. In solcher Aneignung einer wesenhaften und vollkommenen Welt findet der Denker ein Glück, mit dem sich nichts zu messen vermag, was sonst das Dasein enthält. Einer solchen Erschließung der wesenhaften Welt dient im besonderen die Verbindung wissenschaftlichen Denkens und künstlerischer Gestaltung. Die Wissenschaft wirkt dahin, allen bloßen Schein zu zerstören und überall ein Echtes herauszuheben; auch befreit sie ihren Jünger von aller Abhängigkeit nach außen und stellt ihn ganz auf sich selbst. Die künstlerische Gestaltung aber findet darin ein hohes Ziel, alle Anlagen und Kräfte zu entwickeln und miteinander auszugleichen, welche das menschliche Leben enthält. Von diesen Anlagen soll keine verneint und verkümmert werden, aber sie sollen sich in der Weise verbinden und zu gemeinsamer Leistung vereinen, daß Höheres und Niederes sich deutlich scheidet, jenes eine sichere Herrschaft erlangt, dieses sich willig unterordnet. Bei glücklicher Ausführung dessen, bei klarer Abgrenzung und Abstufung aller Mannigfaltigkeit gestaltet sich das menschliche Leben bei sich selbst zu einem vollendeten Kunstwerk; es ist die kräftige Vergegenwärtigung dieses Kunstwerks, die Selbstanschauung des Menschen, woraus wahrhaftiges Glück hervorgeht. Solche Verinnerlichung der Aufgabe macht zum Hauptziel, nicht andere Menschen, sondern sich selbst zu gefallen, gut nicht zu scheinen, sondern zu sein. Im Besitze eines solchen, in seinem eignen Wesen begründeten Glücks darf der Mensch sich allem Schicksal überlegen fühlen, denn jene innere Harmonie kann durch nichts, was von außen kommt, zerstört oder auch nur verringert werden. So entwirft Plato ein großartiges Bild vom leidenden Gerechten, der verkannt und bis zum Tode verfolgt wird, der aber durch alle Anfechtung an innerem Glück gewinnt. Auch bedarf bei solcher Fassung das Handeln keines äußeren Lohnes, denn jene Anschauung der inneren Harmonie trägt in sich selbst ein volles Glück. Nur muß der innere Zustand, wie er in Harmonie und Disharmonie sich ausnimmt, rein und ungetrübt empfunden und erlebt werden, es muß die Spieglung in unserem Bewußtsein eine volle Treue haben. Diese Lehre vom Glück ist namentlich dadurch groß, daß sie Gesinnung und Darstellung, Gutes und Schönes aufs engste verbindet, das Ganze aber unmittelbar durch sich selbst erfreuen und bewegen läßt. Tief unten liegt hier alle kleinliche Berechnung eignen Vorteils, alles Sinnen auf Lohn und Nutzen. Dabei ist ein Hauptpunkt der eigentümlich platonischen Weltanschauung, daß eine höhere Welt mit voller Sicherheit besteht, daß sie freilich mit dem niederen Dasein unablässig zusammenstößt, daß aber ihr in sich selbst begründetes Leben allen Angriffen weit überlegen ist.

Aristoteles teilt in der Hauptsache diese Überzeugung, aber er gibt ihr eine eigentümliche Färbung durch eine andere Art der Abgrenzung vom landläufigen Glück. Das gewöhnliche Glücksstreben ist nach ihm nur ein Jagen nach dem Besitz von äußeren Gütern; daran aber das ganze Streben und Leben zu setzen, das enthält einen inneren Widerspruch, ja eine tiefe Erniedrigung des Menschen. Denn diese äußeren Güter sind nur Mittel zum Leben, ein auf sie gerichtetes Streben kommt nie zur Ruhe und Befriedigung, es wird ins Endlose weitergetrieben und bleibt dabei von äußeren Dingen abhängig, es raubt dem Menschen alle innere Selbständigkeit. Eine wahre Befriedigung kann nur eine Betätigung bringen, die in sich selbst ihre Aufgabe findet und nichts über sich selbst hinaus erstrebt; eine solche Tätigkeit aber wird erreicht, wenn unter der Leitung der Vernunft sich alle Kräfte verbinden und einen großen Gehalt gewinnen, wenn ein tüchtiger Mensch sich selbst und seine Gesinnung in seinen Handlungen darstellt und anschaut. Wie aber die Empfindung des Glückes durchgängig dem Gehalt des Lebens folgt, so wird der Mensch ein um so größeres Glück erlangen, je bedeutender er sein Leben zu gestalten vermag; es gibt kein volles Glück ohne Seelengröße. Die Freude an der Tätigkeit muß aber zur Erhöhung der Tätigkeit wirken und damit den Gesamtstand des Lebens fördern. Mit Umsicht und Takt hat Aristoteles dabei das Verhältnis des menschlichen Handelns zum Schicksal erwogen und abgemessen. Die Tätigkeit, die über unser Glück entscheidet, bedarf sicherlich mancher Voraussetzungen und Hilfsmittel, ein verstümmelter und verkrüppelter Mensch kann keine volle Tätigkeit üben, überhaupt bedarf es eines gewissen Entgegenkommens der Verhältnisse, damit wir alle unsre Kräfte entfalten. Aber so sehr Aristoteles dies anerkennt, er macht nicht den Menschen zu einem Spielball des Schicksals. Denn die Hauptsache bei aller Tätigkeit bleibt die innere Kraft und Tüchtigkeit. Mag sie zu ihrer Vollendung der Aufführung auf der Bühne des Lebens bedürfen, sie ist auch ohne sie ebensowenig verloren, wie das Kunstwerk des dramatischen Dichters, das nicht zur Aufführung kommt; was durchschnittlich das Leben an Leid und Hemmung bietet, dem ist geistige Kraft gewachsen; übergroße Schicksalsschläge mögen allerdings das Glück des Lebens zerstören, aber einmal sind solche selten, und dann können selbst sie einen edlen Menschen nicht elend machen. Denn durch alles Unglück leuchtet bei ihm das Schöne der Gesinnung hindurch. Daß das Ganze der Welt einen festen Zusammenhang und ein Reich lauterer Vernunft bildet, davon ist auch Aristoteles fest überzeugt, aber wie er den Menschen dem Ganzen entschieden einordnet, so kann er nicht eine sittliche Ordnung der Welt und nicht das Walten einer Vorsehung anerkennen.

So haben die klassischen Denker ein Glücksideal entworfen, das die Menschheit bleibend beschäftigt hat als ein Vorbild kräftiger, freudiger, edler Lebensgestaltung. Aber daß dies Ideal bestimmte Voraussetzungen hat und an gewisse Schranken gebunden ist, das hat die weitere Bewegung der Geschichte bald deutlich erkennen lassen. Dieses Glücksideal verlangt eine hervorragende Kraft des geistigen Schaffens, sowie eine Richtung der Seele auf das Gute, auch setzt es voraus, daß das geistige Vermögen allen Widerständen gewachsen sei; es bedarf ferner der Überzeugung, daß der Mensch mit seinem Denken die volle Wahrheit erfassen und sein Leben in sie zu stellen vermöge. Nun kam die große Umwälzung mit dem Beginn des Hellenismus und verschob die Stellung des Menschen zur Wirklichkeit. Die Erschütterung des überkommenen Lebensstandes machte es vor allem notwendig, dem Menschen eine innere Selbständigkeit, eine völlige Unabhängigkeit und Überlegenheit gegen alles, was draußen liegt, zu erringen. Dieses aber kann nur geschehen, wenn er sein Interesse gänzlich davon ablöst, wenn er sich zu allen Erfahrungen äußeren Glücks oder Unglücks nicht empfindend und leidend verhält, sondern sie als völlig gleichgültig erachtet und sich ganz und gar auf sein Denken, auf die Vergegenwärtigung einer Weltvernunft, zugleich aber auf das Bewußtsein einer inneren Größe zurückzieht. Einen Menschen, dem durch sein Denken so das Ganze des Alls mit lebendiger Kraft gegenwärtig ist, kann nichts von dem erregen und bewegen, was in der Welt der Erfahrung vorgeht, auch ein Zusammenbruch dieser Welt könnte ihn nicht erschüttern. Aus der Entwicklung solcher geistigen Überlegenheit ist eine große Verstärkung der Innerlichkeit, eine Vertiefung des Menschen in sich selbst hervorgegangen und hat ihn durch Erweckung heldenhafter Gesinnung in trüben Zeiten aufrecht gehalten; wie viele Probleme aber dies Ganze enthält, kann nicht verborgen bleiben. Das Leben ist hier mehr verneinender als bejahender Art, es hebt die Gesinnung über die Welt hinaus, aber es führt nicht zu ihrer Durchdringung und Gestaltung; so kann alle Kraft des Antriebs hier leicht das Gefühl der Leere erzeugen. Ferner bedarf dies Lebensideal großer und kräftiger Seelen, es verlangt eine heroische Kraft zur Verfechtung der Grundüberzeugung gegenüber dem Widerspruch der gesamten Umgebung. Sobald daher Zweifel an dem geistigen Vermögen des Menschen erwuchsen und um sich griffen, mußte auch der Glaube an jenes Ideal verblassen.

Derartige Zweifel gewannen aber im Fortgang des Altertums immer mehr Boden, immer tiefer empfand der Mensch das Dunkel der Welt, immer weniger fühlte er sich ihren schroffen Gegensätzen gewachsen. Namentlich war es der Gegensatz von Geistigkeit und Sinnlichkeit, der vom Weltgedanken aus immer mehr die Gemüter beschäftigte und aufregte. Die alte Harmonie von Geistigem und Sinnlichem schlug in das Gegenteil um, je matter die geistige Kraft und je raffinierter die Sinnlichkeit wurde; schließlich steigerte sich das zu einem Widerwillen gegen alle Sinnlichkeit und zu einem leidenschaftlichen Verlangen, sich von ihr irgendwie zu befreien und an einem reineren Leben teilzugewinnen. Dabei fühlte sich der Mensch viel zu schwach, um aus eignem Vermögen jene

Wandlung zu bewirken; so entstand eine Sehnsucht nach übernatürlicher Hilfe, und es ward die Gottheit herbeigerufen, um den Menschen in ein höheres Leben zu heben. Solche Wandlungen zerstören die alte Ruhe und Sicherheit, sie werfen das Leben unter widerstreitende Stimmungen und Strebungen, an die Stelle eines festen Besitzes treten Sehnsucht, Hoffnung und Traum, die festen Gestalten lösen sich auf, und der Zug geht ins Weite, Formlose, Unbegrenzte. Das Ganze erhält eine ungeheure Aufregung dadurch, daß der menschliche Bereich von dem Walten nicht bloß guter, sondern auch böser Geister, unheilvoller Dämonen, umfangen dünkt, und daß dabei ein Bewußtsein der Verantwortlichkeit, ja eine schwere Angst vor ewigen Strafen aufkommt. In solcher Lage läßt sich nur von dem Beistand einer überweltlichen Gottheit Rettung und Glück erhoffen, sie muß in wunderbarer Weise zu Hilfe kommen und dem Menschen an ihrer Vollkommenheit Anteil geben. Um dahin zu gelangen, muß der Mensch aus sich selbst heraustreten, und es wird zur Höhe des Lebens, ein reineres Lebens- und Glücksideal zu erringen; eine solche Wendung brachte aber Plotin.

Der Kern dieser Denkweise liegt darin, daß hier die Religion nicht mehr wie dem Durchschnitt ein bloßes Mittel zum Glück des Menschen bedeutet, sondern daß sie etwas wesentlich Neues aus dem Menschen zu machen und alle Kleinheit eines Sonderdaseins zu überwinden verspricht. Dieser Denkweise erscheint das ganze All als ein einziges Leben, das auch in der Entfaltung zur Vielheit stets bei sich selbst verbleibt; zugleich aber dünkt es möglich, durch das Denken sich in jene Einheit des Alls zu versetzen und das Leben ganz und gar aus ihr zu führen. Die Erringung solcher inneren Einheit mit dem

All verheißt ein unvergleichlich größeres Leben und ein unvergleichlich höheres Glück. Denn die Vereinigung mit dem Grunde des Alls läßt den Menschen die ganze Unendlichkeit und Ewigkeit zu eignem Besitze gewinnen sowie alle Gegensätze umspannen; zugleich erreicht er damit eine reine Innerlichkeit, da hier aller Wert des Handelns in dem Verhältnis zu jener Welteinheit liegt, alle Leistung nach außen dagegen gleichgültig wird. Auch ergibt sich hier eine volle Unabhängigkeit gegen das Schicksal, da alle Erlebnisse in Freud und Leid an diese Höhe des Lebens nicht reichen. Wohl trägt ein solches Leben in der Richtung auf das unendliche Sein eine stete Bewegung, aber gegenüber dem hastigen Treiben der Welt erscheint es als selige Ruhe, als tiefer Friede. Es muß aber das Teilhaben an einer solchen weltüberlegenen Innerlichkeit das seelische Leben wesentlich fortbilden. Wie jene Ureinheit über aller besonderen Gestaltung liegt, so kann auch der Mensch zu ihr nur gelangen, wenn er sich über alle Mannigfaltigkeit seelischer Betätigungen zu erheben und sich selbst in eine aller Gestaltung überlegene Einheit zu fassen vermag. In Verfolgung dieses Weges entwickelt sich ein reines Gemüts- und Gefühlsleben, eine freischwebende, von aller Stofflichkeit befreite Stimmung. Das Leben entäußert sich hier aller Schwere und scheint gänzlich in den reinen Äther der Unendlichkeit versetzt. So ist es wohl zu begreifen, wenn Plotin in der Entwicklung eines solchen Lebens eine überschwengliche Seligkeit empfindet, und wenn ihn diese Seligkeit weit über alles hinaushebt, was das Leben sonst an Glück bieten mag. Auch ist es begreiflich, wenn hier allem menschlichen Beginnen eine Offenbarung des absoluten Lebens vorangehen muß, die es freudig zu erwarten hat. »Man muß in Ruhe bleiben, bis es erscheint, und sich zuschauend verhalten, wie das Auge den Aufgang der Sonne erwartet.« So vollzieht Plotin mit der Aneignung eines Allebens eine Zurückverlegung wie des Lebens, so auch des Glücks in die reine Innerlichkeit; hier zuerst erscheint in voller Klarheit die Macht, die der Gedanke einer völligen Einigung mit dem All über die menschliche Seele zu gewinnen vermag. Aber unleugbar findet sich von jener weltüberlegenen Innerlichkeit kein Weg zur Breite des Lebens zurück, der geistige Aufschwung vermag sich nicht in fruchtbare Arbeit umzusetzen und das ganze Leben zu durchdringen; so bleibt schließlich eine Spaltung zwischen der erhabenen Höhe des Innenlebens und dem übrigen Dasein, und es sind schließlich nur einzelne Augenblicke, wo der Gedanke des Alls in ekstatischer Verzückung den Menschen vollständig einnimmt, ihn an unbeschreiblicher Seligkeit teilnehmen und alles Übrige vergessen läßt.

Die weiteren Schranken der Leistung Plotins werden wir am besten ermessen, wenn wir seinen Zusammenhang mit der gesamten Antike im Auge halten. Denn auch bei der Wendung zur Religion und zur reinen Innerlichkeit verläßt er nicht die Zusammenhänge des antiken Lebens. Diesem Leben gilt der Mensch mit all seinem Streben als ein Stück einer gegebenen Welt, die in sich selbst vollendet und abgeschlossen ist; dieser Welt sich zu bemächtigen und in ihr seine Stellung zu finden, das wird die entscheidende Lebensaufgabe. Zur leitenden Kraft des geistigen Lebens wird damit das Denken, das ihn mit dem All verbindet; wie aber dieses Denken in der Seele jedes Einzelnen entspringt, so ist es auch jedes Einzelnen Sache, sich den Weg zum Glücke zu bahnen; der Mensch ist nicht abhängig von anderen, aber er wirkt auch nicht für die anderen, es entsteht hier keine Gemeinschaft innerer Art zwischen den Menschen, es vollzieht sich kein Aufnehmen des anderen oder des Ganzen in das eigne Gemüt, es wird nicht das Geschick der Menschheit an der einzelnen Stelle erlebt und ein Wirken für die Hebung des Gesamtstandes aufgenommen, sondern wie der Einzelne hier letzthin auf sich selber steht, so lebt er auch nur für sich selbst, auch in seinem Glücke ist er innerlich einsam, es fehlt hier eine die Menschen umfassende und innerlich verbindende Innenwelt. So ist es nicht zu verwundern, wenn die großen geistigen Unterschiede der Individuen, die das menschliche Leben unleugbar zeigt, als endgültig hingenommen werden und vollauf die Schätzung beherrschen; eine Aristokratie des Geistes wird scharf von der übrigen Menschheit abgehoben, nur sie hat mit ihrer geistigen Kraft und mit ihrer großen Gesinnung an wahrem Glück teil, den anderen ist es versagt, und diese Versagung erregt auf der Höhe keinen Schmerz. Eine Starrheit und Härte des Ganzen erscheint auch in der Schätzung und Behandlung des Leides. Die griechischen Denker haben das Leid keineswegs gering angeschlagen, wie man früher wohl dachte. Aber sie haben mit aller Kraft sich dagegen gesträubt, es in den Grundbestand des Lebens hineinzuziehen. Wie durchgängig hier das Denken bemüht war, die Welt trotz alles augenscheinlichen Leides als ein Reich der Vernunft zu erweisen, so schien es die höchste Aufgabe des Lebens, das Leid gar nicht an sich herankommen zu lassen, sich so dagegen zu umpanzern, daß es den Grund der Seele nicht berühren könne. Das mußte schwere Verwicklungen erzeugen, wenn der Eindruck des Leides stärker und stärker wurde, es sich nicht mehr als einen bloßen Schein behandeln und vom Innern des

Lebens gänzlich fernhalten ließ. Dann konnte jene freudige Lebensstimmung leicht in eine tiefe Verstimmung umschlagen. Überhaupt setzt jenes Glücksideal einen starken Optimismus voraus. In der Tätigkeit ein vollendetes Glück zu finden, läßt sich nur bei der Überzeugung hoffen, daß sie sich von vornherein im Reich der Wahrheit befinde, und daß sie bei voller Anspannung ihrer Kraft ihr Ziel sicher erreiche. So herrscht hier die Meinung, daß alles tüchtige Wahrheitsstreben zur Wahrheit gelange, sowie daß alle geistige Kraft zweifellos zum Guten wirke; es fehlen erschütternde Zweifel und innere Zerwürfnisse im Geistesleben selbst, oder wo sie erscheinen, da werden sie zurückgeschoben und als Nebensachen behandelt. Das Glücksstreben der alten Denker setzt die Vernunft des Alls voraus, die Unvernunft des menschlichen Daseins wird weder voll gewürdigt noch mit ganzer Kraft bekämpft.

Diese Unvernunft des Daseins ist es, welche den Ausgangspunkt für das christliche Glücksstreben bietet; hier zuerst kommt sie voll zur Geltung. Denn hier erscheint nicht dieses oder jenes in der Welt als verfehlt, sondern der Gesamtstand ist voller Verwirrung und Zerrüttung, ihren Gipfel aber erreicht die Verkehrung in der ethischen Abwendung des Menschen von Gott; so hat auch die Wandlung hier einzusetzen. Wo aber der Schaden bis zur tiefsten Wurzel geht, und wo eine Erneuerung des gesamten Daseins erforderlich ist, da kann die Wendung nicht aus dem eignen Vermögen des Menschen kommen, sondern da muß sie durch göttliche Liebe und Gnade dargeboten werden; das ist aber die Grundüberzeugung des Christentums, daß die Erweisung einer solchen Liebe in Wahrheit erfolgt ist, und daß sie jedem Einzelnen eine

Rettung verheißt. Wie alles Übel aus der Trennung von Gott hervorging, so kann das höchste Gut in nichts anderem bestehen als in der Wiedervereinigung mit Gott, dem Quell des Lebens; diese bietet eine allem anderen Glück unvergleichlich überlegene Seligkeit. Denn hier gewinnt der Mensch an der ganzen Fülle des göttlichen Lebens teil, hier wird er ganz und gar in ein Reich der Liebe, kindlichen Vertrauens, rettender Gnade versetzt. Sein Seelenstand erhält aber eine eigentümliche Spannung dadurch, daß die Anfangslage, über welche die Erhebung erfolgt, nicht einfach verschwindet, sondern daß sie durch das gegenwärtige Leben fortwirkt, und daß so das Leben zwischen schroffen Kontrasten verläuft: der Schmerz klingt in die Seligkeit hinein, er wird durch die Gegenwart des Höheren noch verstärkt; andererseits gibt der Gegensatz dem Glück mehr Innigkeit und Festigkeit. Zwischen solche Kontraste gestellt, verbleibt die Seele in unablässiger innerer Bewegung; das Glück kann hier nicht als ein fertiger Besitz und der Stand des Menschen nicht als ein solcher der Vollkommenheit erscheinen, wohl aber wird eine innere Überlegenheit gegen das Reich der Konflikte geboten, und der Mensch im tiefsten Grunde in göttliches Leben aufgenommen. Dies neue Leben und sein Glück ist aber dadurch allem überlegen, was das Griechentum auf dem Wege der Religion erreicht hat, daß hier eine wahrhaftige Innenwelt entsteht. Sie kann aber entstehen, weil hier das Göttliche an erster Stelle nicht als die unwandelbare Einheit, nicht als das wesenhafte Sein, sondern als das Ideal der Persönlichkeit, als sittliche Vollkommenheit, als allmächtige Liebe erscheint. Das Verhältnis zu einem solchen Wesen kann die höchste Kraft und Wärme gewinnen, die Innerlichkeit des Denkens sich zu einer Innigkeit des Gemütes steigern; hier darf sich der Mensch, und zwar jeder einzelne Mensch, als von ewiger Liebe getragen und behütet wissen. In diesem Reiche verschwinden alle Unterschiede geistigen Vermögens, und es liegt alles an der Kraft und der Treue der Gesinnung, an der Grundrichtung des Strebens, die jeder aufbringen kann. Die Eigentümlichkeit des Ganzen erscheint besonders in der Behandlung des Leides, die der griechischen geradezu widerspricht. Hier wo der Mensch erst durch eine gewaltige Erschütterung hindurch den Weg zur Höhe zu finden hat, und wo die schwersten Probleme die Seele selbst treffen, da läßt sich unmöglich das Leid mit den griechischen Denkern nach außen schieben und dem Innern vollständig fernhalten. Hier eröffnet sich ein tiefer Zwiespalt im Bestand der Welt, hier gibt es keine rationale Lösung des Problems, hier wird zugleich das Geschick des Menschen eng verbunden mit den Hemmungen, aber auch den Überwindungen des Ganzen, hier wird auch das Erlebnis des Menschen, jedes einzelnen Menschen, in einen Weltzusammenhang gestellt und dadurch in seiner Spannung unermeßlich erhöht. Hier wird das Leid unentbehrlich für die Vertiefung des Lebens und für die Bereitschaft zum Guten; ja die Behauptung steigert sich dahin, daß das Leid selbst eine Seligkeit enthalte, so daß die Leidtragenden selig gepriesen werden konnten. Eine äußerliche Fassung mochte dabei vornehmlich an den Gewinn eines jenseitigen Lebens denken, zu dem das Leid einen bloßen Durchgang bilde; innerlichere Geister haben zu zeigen gesucht, daß die seelische Wandlung, welche aus dem Leiden hervorgeht, unmittelbar eine Vertiefung und Befestigung des Lebens enthält. Nach Gregor von Nyssa wird im Schmerze selbst uns ein Gutes offenbar; wir könnten dies nicht so stark, so leidenschaftlich vermissen, wenn es nicht irgend zu unserem Wesen gehörte; so versichert uns eben die schwere Erschütterung einer Tiefe dieses Wesens. Dieser Gedankengang läßt als besonders unglücklich erscheinen, wer sich schon glücklich fühlt, denn damit wird sein Leben abgeschlossen und an weiterer Vertiefung gehindert. Ebenso ist für Augustin die tiefe Empfindung des unermeßlichen Leides des Daseins ein sicheres Zeichen dafür, daß dies Dasein nicht das Letzte und Ganze ist, daß wir vielmehr im Grunde unseres Wesens einer anderen und höheren Welt angehören. In ähnlicher Weise folgert er aus der aufregenden und erschütternden Gewalt des Zweifels das Bestehen einer Wahrheit, ja einen Zusammenhang unseres Wesens mit der Wahrheit; durchgängig verbürgt ihm das Nichthaben, aber schmerzliche Entbehren, die Unmöglichkeit eines Verzichtes, das Wirken eines höheren Lebens. So hat das Christentum beim Streben nach Glück die Verneinung in den Kern des Lebens aufgenommen und dies damit erst ihr vollauf überlegen gemacht. Der Gefahr aber, daß dies Leben zu sehr ins Weiche, Milde und Sanfte gerate, wirkt aus dem innersten Wesen des Christentums ein starker Zug zum Wirken entgegen; war es doch gekommen, um die Welt zu erneuern, die sinkende Menschheit wiederaufzurichten, ein Reich Gottes auch auf Erden zu erbauen. Daher verspricht es nicht bloß eine Befreiung von Leid und Schuld, sondern auch die Eröffnung eines neuen und höheren Lebens. Jedoch läßt es sich nicht leugnen, daß die geschichtlichen Verhältnisse dieses dem Christentum innewohnende Ja weit weniger entfaltet haben als das Nein; wiederum war es der oft geschilderte Einfluß jener müden und matten Zeit, welcher der einen Seite ein ungebührliches Übergewicht gab. Völlige Befreiung vom Leide und allem wirren Getriebe der Welt, Ruhe und Friede des Gemütes, das wurde hier oft zum höchsten der Ziele. So gewiß diese weltflüchtige Gestaltung nicht in das innerste Wesen des Christentums zurückreicht, zunächst hat sie den Sieg davongetragen und lange Zeiten beherrscht. Das Bedenkliche dieser weltflüchtigen Art, das uns mannigfach entgegentrat, erscheint auch beim Glücksproblem deutlich. Denn sie sucht das Glück zu sehr in der Ablösung von der Welt, sie ist in Gefahr, ins Weichliche zu verfallen, indem sie die Dinge nicht herzhaft angreift, sondern sich nur in der Stimmung über ihren Widerstand hinaushebt. Da das Gefühl sich nicht genügend in Tat verwandelt, kann ein solches Glück unmöglich das ganze Leben durchdringen und verwandeln. Zugleich kann die Hervorkehrung des Leides leicht zu einem Verweilen beim bloßen Leide, ja einem sentimentalen Schwelgen im Schmerze führen, wie das namentlich die religiöse Poesie oft in unerquicklicher Weise zeigt. Auch muß ein Glück, das sich so vom übrigen Leben ablöst, unsicher werden, sobald das Ganze jener religiösen Lebensgestaltung irgendwie in Zweifel gerät; daß aber solche Zweifel kamen und um sich griffen, das wissen wir alle. Nun zeigt freilich in allen diesen Punkten die Geschichte des Christentums viel Mannigfaltigkeit, schon das mittelalterliche System des Katholizismus enthält recht verschiedene Färbungen, unverkennbar ist auch der weite Abstand der mehr passiven Art des Mittelalters und einer größeren Aktivität, wie sie aus der Reformation hervorging und auch auf den Katholizismus zurückgewirkt hat. Denn es konnte die Reformation die schroffen Kontraste des christlichen Lebens nicht wohl auf die Seele jedes Einzelnen legen, sie nicht in größere Erregung versetzen und zu kräftigerer Tätigkeit aufrufen, ohne daß auch das Ziel sich umgestaltete. Immerhin blieb auch hier das Glück vornehmlich eine Sache des weltüberlegenen Gemütes, es war mehr auf ein Glauben und Hoffen einer neuen Ordnung gestellt, als daß es das Heil von einem männlichen Angreifen und kräftigen Umwandeln der umgebenden Welt erwarten konnte. So behielt es etwas Weiches und Zartes; eine von einem stärkeren Lebenstriebe und von Lust am Wirken erfüllte Zeit mußte über solche Fassung hinausdrängen.

Dies ist in vollem Maße auf dem Boden der Neuzeit geschehen. Diese Zeit sucht das Glück nicht sowohl in einer Zurückziehung in das Heiligtum des Gemütes als in einem Heraustreten des Menschen aus sich selbst, in einem Entfalten und Verwerten seiner Kräfte, in einer Bewältigung des unermeßlichen Weltalls; dabei fällt die Überzeugung sehr ins Gewicht, daß dem Menschen nicht durch Natur und Geschick ein begrenztes Vermögen zugemessen sei, daß er vielmehr ins Unbegrenzte wachsen, sich immer neue Kräfte anbilden und immer höhere Ziele stecken könne. Nichts scheint mehr die Größe des Menschen, ja seine Verwandtschaft mit der Gottheit, zu erweisen als solches Vermögen eines Fortschreitens ins Unendliche. Gleich an der Schwelle der Neuzeit ist völlig klar, daß dieser Fortschrittsglaube ein wesentlich anderes Glücksgefühl, eine kräftigere und freudigere Seelenlage, mit sich bringt, als das Mittelalter sie kannte. So heißt es bei Nikolaus von Cues, dem ersten modernen Denker: »Immer mehr und mehr erkennen zu können ohne Ende, das ist die Ähnlichkeit mit der ewigen Weisheit. Immer möchte der Mensch, was er erkennt, mehr erkennen, und was er liebt, mehr lieben, und die ganze Welt genügt ihm nicht, weil sie sein Verlangen nach Erkenntnis nicht stillt.« Mit solchem Wachstum des Strebens muß der Geist bei sich selber wachsen: »Wie ein Feuer, das aus dem Kiesel erweckt ist, kann der Geist durch das Licht, das aus ihm strahlt, ohne Grenze wachsen.« Dieses Lebensgefühl wird auch in den folgenden Jahrhunderten besonders deutlich von den Denkern verkörpert, die das moderne Streben führen. So ist Leibniz von einem sicheren Fortschrittsglauben erfüllt und schöpft aus ihm ein freudiges Glücksgefühl. So trägt auch einen Hegel das Bewußtsein eines unablässigen Fortschreitens des Ganzen über alle Gegensätze und Schmerzen des Daseins hinaus. Es ist keineswegs der bloße Mensch, sondern das Ganze des Alls, das diese Bewegung vollzieht und damit alle Widerstände bricht. So hängt auch hier das Geschick des Menschen an dem Ergehen des Alls, weit über die bloße Erfahrung hinaus wirkt hier ein kosmisches Leben, wirkt ein metaphysischer Zug. Es gewinnt dieser Fortschrittsglaube vornehmlich dadurch an Wucht und Gehalt, daß die Bewegung nicht bloß die Kräfte des Einzelnen anschwellen läßt, sondern daß sie auch den Stand des Ganzen weiter führt und immer mehr Vernunft in die Wirklichkeit bringt. Eine leitende Stellung gewinnt hier die Arbeit. In der Arbeit wird eine Tätigkeit erkannt, die uns den Dingen aufs engste verbindet, indem sie ihre Art und ihre Notwendigkeit in sich aufzunehmen und ihnen zu folgen vermag. Indem sich so der Mensch durch die Arbeit der Weltumgebung enger verkettet, darf er hoffen, durch sein Bemühen auch den Stand der Wirklichkeit zu heben, er darf es um so mehr, weil die moderne Arbeit zu umfangreichen Komplexen zusammenschoß, die Kräfte der Individuen enger verband und sie in der Verbindung zu unvergleichlich höherer Leistung hob. Gewann aber so der Mensch in der Arbeit ein Mittel, den Weltstand zu fördern, so gab sie ihm zugleich eine Befestigung im eignen Wesen, und verlieh sie seinem Leben eine breitere Grundlage und eine gesichertere Stellung. So verbindet sich dem modernen Menschen das Glück aufs engste mit der Arbeit, hier zum ersten Male gelangt die von den früheren Lebensordnungen zurückgestellte Arbeit zur vollen Würdigung, das Glück aber wird durch die Verschmelzung mit ihr kräftiger, ruhiger, gesättigter, es vermag nun den ganzen Umfang des Lebens zu durchdringen.

Solche Gestaltung der Arbeit und des Glückes läßt sich nach verschiedenen Richtungen verfolgen. Wir sehen sie vor allem in dem Aufbau der Kultur, das heißt eines dem Menschen eigentümlichen Lebensstandes gegenüber der bloßen Natur, eines Standes der Selbsttätigkeit. In mannhaftem Ringen mit der Welt rückt der Mensch seine Grenzen vor und bildet er einen eigenen Lebenskreis. Vor allem ist es die Wissenschaft, welche diese Bewegung führt und sich dabei als eine den Dingen überlegene Macht erweist. Sie zeigt besonders deutlich, daß der Einzelne sich auf dem Boden der Neuzeit einem Ganzen einzufügen und in Reih und Glied sein Werk zu verrichten hat. Aber wenn dabei einem jeden bestimmte Grenzen gewiesen sind, so darf er das Bewußtsein haben, an seiner Stelle unentbehrlich zu sein und mit seinem Tun den Bau des Ganzen zu fördern, »viele werden vorbeiziehen und die Wissenschaft wird wachsen« (Bacon im Anschluß an eine Stelle des Daniel). In noch kühnerem Gedankenfluge spricht Leibniz es aus, daß wir Menschen kraft unserer Vernunft wie kleine Götter den Weltbaumeister nachahmen und das Wohl des Ganzen steigern können. Der Mensch ist »nicht ein Teil, sondern ein Ebenbild der Gottheit, eine Darstellung des Alls, ein Bürger des Gottesstaates«. Erscheint hier die Tätigkeit vornehmlich darauf gerichtet, dem Fortschritt des Weltalls zu dienen, so entwickelt sich zugleich auf modernem Boden ein eifriges Streben und Wirken, den Stand der Menschheit zu heben, aus den menschlichen Verhältnissen alle Unvernunft möglichst zu vertreiben, die Vernunft dagegen weiter und weiter zu steigern. Denn nicht mehr waltet hier die Überzeugung, daß der Stand der menschlichen Dinge durch den Willen Gottes ein für allemal festgelegt und von uns als ein unwandelbares Schicksal hinzunehmen sei, sondern auch hier scheint alles in Fluß und einer Steigerung fähig. So erhält hier die Tätigkeit hohe Aufgaben, um so mehr da alles zum Gegenstande der Teilnahme wird, »was Menschengesicht trägt«, ja ein wachsendes Gefühl der Zusammengehörigkeit jeden Einzelnen für alle Not und Unbill um ihn verantwortlich macht. Viel Dunkel und Leid wird damit erst recht empfunden, aber es kann den Menschen nicht niederdrücken, weil die Kraft der Überwindung sich ins Endlose steigern läßt. Das Kraft- und Glücksgefühl muß ins Unermeßliche wachsen, wenn der Mensch den Kampf mit den feindlichen Verhältnissen aufnehmen und einen neuen Weltstand herstellen kann.

Bei dem Ganzen dieser Bewegung fällt zunächst ins Auge die Wirkung ins Große und Weite, nicht minder bedeutend aber ist die Bewegung ins Kleine und Individuelle hinein. Das nämlich ist ein Hauptstück des modernen Lebens, jedem Individuum eine eigentümliche Aufgabe zuzuerkennen; Punkt für Punkt gilt es, die schlummernde Kraft zu wecken, die verschiedenen Antriebe miteinander auszugleichen und einer Einheit zu unterordnen, die alles zu erhöhen vermag. Die Entwicklung dieses Strebens gewährt dem Individuum bei aller Mühe der Arbeit ein hohes Glück. Wächst es doch zu einer eignen Welt, die eben in ihrer Einzigartigkeit einen Wert auch für das Ganze hat. Solche Individualisierung reicht in alle menschlichen Verhältnisse hinein, überall wird eine gleichförmige Gestaltung vermieden, durch die Ausbildung einer besonderen Art eine eigentümliche Aufgabe und Freude eröffnet.

In dem allen erscheint ein gewaltiger Lebensdrang, der sich gelegentlich bis zu stürmischer Leidenschaft steigert. Freilich wirkt in ihm auch ein Zwang und ein Recht der Sache und widersteht einem Verfallen in bloßsubjektive Erregung; auch fehlt es nicht an Entsagung, da im gegebenen Augenblick alle Leistung bemessene Grenzen hat, da ferner der Einzelne nicht für sich, sondern nur zusammen mit den anderen und in Unterordnung unter ein gemeinsames Ziel etwas leisten kann. Aber alle Schranken und Hemmungen an der einzelnen Stelle und im besonderen Zeitpunkt überwiegt der Glaube an eine bessere Zukunft und an die unerschöpfliche Kraft des Menschengeschlechtes. Dieser Glaube ist der Neuzeit ebenso unentbehrlich, wie es dem Altertum der an die Harmonie des Alls und dem Mittelalter der an eine hilfreiche Gottheit war. Jener Fortschrittsglaube läßt den modernen Menschen alle Mühen freudig ertragen und ein kräftiges Glücksgefühl inmitten aller Arbeit und Sorge bewahren. So scheint hier das Leben als Ganzes durchaus zur Bejahung gewandt und das Glück des Menschen sicher begründet.

Wir wissen, zu wie großartiger Lebensentfaltung diese Bewegung geführt hat, wir wissen aber auch, welche Verwicklungen sie erzeugte, und wie diese

Verwicklungen das Bewußtsein der Gegenwart erfüllen. Jener Fortschrittsglaube konnte das ganze Leben nur bei der Überzeugung beherrschen, daß die menschliche Tätigkeit die Dinge bis zum Grunde durchdringen und sie dem Menschen ganz und gar aneignen könne; ob dieses aber zutrifft, das begegnet immer stärkeren Zweifeln. Solche Zweifel treffen zunächst die Wissenschaft, die führende Macht der modernen Kultur. War die Höhe der Aufklärung dessen völlig sicher, die letzte Tiefe der Dinge ergründen zu können, so hat uns Kant mit unwiderstehlicher Kraft die Schranken unseres Wissens vor Augen gerückt; weit über die Philosophie hinaus hat sich aber im 19. Jahrhundert die Überzeugung befestigt, daß hinter unserer Gedankenarbeit eine Welt der Dinge unzugänglich liegen bleibt, und daß wir uns auf die Ermittlung der Beziehungen der Dinge untereinander zu beschränken haben. Wir können, so scheint es, nicht erklären und begreifen, sondern nur feststellen und beschreiben. So bleibt uns eine Wahrheit in dem Sinne versagt, daß sie uns das Wesen der Dinge eröffnet und uns von der Enge einer bloßmenschlichen Welt befreit. Was aber von der Wahrheit, das gilt auch vom Ganzen der Kultur. Mehr und mehr hat sich uns erwiesen, daß so viel wir in den äußeren Verhältnissen der Dinge zu ändern und zu bessern vermögen, wir damit nicht ein wesentlich neues Leben und eine höhere Art erreichen; aller Fortschritt der Zivilisation hat wenig echte Kultur und wenig Weiterbildung des Seelenstandes ergeben; die Frage wird unabweisbar, ob ein solches Wirken an der Oberfläche des Lebens die unsägliche Mühe und Arbeit lohnt, die es kostet.

Ähnliche Bedenken erweckt unser Verhältnis zum Menschen. Die moderne Bewegung beruhte auf einem festen Glauben an die Tüchtigkeit und an die natürliche Güte des Menschen; wenn nur freier Raum für die volle Entwicklung der Kraft geschaffen würde, so schien sich alles aufs beste zu gestalten und ein Reich der Vernunft auf dem Boden der Menschheit sich zu erheben. Nun ist die mannigfachste Befreiung erfolgt und die Kräfte haben sich in einer Weise entfaltet wie nie zuvor, aber können wir das Auge verschließen vor den Verwicklungen, Kämpfen und Irrungen, die aus solcher Befreiung hervorgegangen sind? Der Aufklärungszeit galt das Menschsein wie ein hoher Wertbegriff; das Menschliche am Menschen zu entwickeln, das schien noch der Zeit unserer Klassiker das Leben auf eine stolze Höhe zu heben; jetzt empfinden wir mehr das Kleine und Niedrige am Menschen, wir gewahren schroffe Konflikte in seinem Wesen, wir sehen in weitem Umfang die freigewordenen geistigen Kräfte in den Dienst der Selbstsucht und überhaupt kleinmenschlicher Interessen gezogen und dadurch ihren wahren Zielen entfremdet; so ist es kein Wunder, wenn eine Sehnsucht nach Befreiung von der Kleinheit des Menschen, ein Verlangen nach Größe erwacht, das oft freilich wieder unter den Einfluß der Kleinheit und Eitelkeit gerät. Wie könnte das Streben zur Verbesserung der menschlichen Lage unter solchen Eindrücken uns mit sicherem Vertrauen erfüllen? Was hier an Widersprüchen liegt, das wird nur deshalb heute nicht voll empfunden, weil von älteren Lebensordnungen her noch Schätzungen des Menschen wirken, die in dem eignen Boden unserer Zeit keine Wurzel haben. Von der Religion her wirkt die Schätzung des Menschen als eines »Samenkorns der Ewigkeit« und eines Gegenstandes unendlicher Liebe, vom Vernunftglauben der Aufklärung her erscheint der Mensch als einem Vernunftreich angehörig und durch seine Freiheit aller Natur unvergleichlich überlegen; aber die Religion ist erschüttert und der Vernunftglaube verblaßt; so kann sich schließlich jene Schätzung unmöglich aufrechterhalten. Wird aber voller Ernst damit gemacht, den Menschen in ein bloßes Stück einer geschlossenen Welt und Natur zu verwandeln, so fällt alle Möglichkeit, jenem Stand des Daseins entgegenzuwirken, alle Möglichkeit einer inneren Erhöhung; auch sehen wir nicht, wie daran auch die Zukunft etwas Wesentliches ändern könnte.

Diese Verwicklungen reichen auch in das Dasein des Einzelnen hinein, dessen volle Anerkennung ein Hauptstück moderner Kulturbewegung war. Gewiß entspringt noch immer viel Anregung und Freude von der Betätigung der Individuen, aber es ist die Grundlage erschüttert, welche jenem Streben einen bedeutenden Gehalt und eine sichere Richtung gab. Das Individuum schien vordem wertvoll und die Arbeit an seiner Bildung erhöhend, weil in ihm unendliches Leben in einzigartiger Weise zur Gestaltung strebte, und weil daher jeder Einzelne hoffen durfte, mit der Entfaltung des eignen Wesens auch den Bestand des Weltalls zu fördern. Die Beschränkung des Lebens auf das sichtbare Dasein hat jene Grundlage immer unsicherer gemacht; die völlige Bindung des Individuums an jenes Dasein muß sowohl zu hartem Zusammenstoß untereinander und gegenseitiger Verfeindung als zu wilder Selbstsucht führen. Sobald das Denken dies alles überschaut und in einen Anblick zusammenfaßt, kann es die Leere und Unerquicklichkeit des Ganzen unmöglich verkennen; dann läßt sich nicht mehr eine befriedigende Lösung des Glücksproblems davon erwarten, daß alle Individuen möglichst zur vollen Entfaltung und Geltung gebracht werden.

Diese Bedenken steigern sich durch die Entwicklung der Arbeit im modernen Leben, sie treibt alle Probleme jener mit zwingender Kraft hervor. Zu Beginn stand die Arbeit der Seele des Menschen näher; indem der Einzelne in ihrem Fortgang sein eigenes Werk erblickte, konnte er dadurch zu stolzer Freude gehoben werden; zugleich hatte die Arbeit einen ruhigeren Charakter, die Bewegung, in die sie das Leben setzte, war noch keine stürmische Aufregung, sie gewährte noch Zeiten der Muße, die das Ganze zu überschauen und in freudigen Besitz zu verwandeln erlaubten. Wie hat sich das alles verändert! Indem die Arbeit riesenhafte Zusammenhänge bildete, hat sie sich immer weiter von der Seele des Einzelnen abgelöst und geht sie ihren Weg unbekümmert um sein Wohl oder Wehe; indem sie sich zugleich immer weiter verfeinerte und verästelte, wird kleiner und kleiner der Teil, den der Einzelne überschaut und den er in seiner Gewalt hat; so wird auch seine seelische Kraft nur in einer besonderen Richtung entfaltet, während das Übrige ungegriffen und ungefördert liegen bleibt. Dazu kommt der reißende Lauf, den die Arbeit unter Führung der Technik mehr und mehr angenommen hat; er zwingt den Menschen, stets wachsam zu sein und seine Kräfte unablässig neuen Leistungen anzupassen; es muß dies den Menschen ganz und gar an die jeweilige Lage ketten, ihn in eine atemlose Spannung versetzen, ihn mehr und mehr in einen Kampf ums Dasein verstricken. Unleugbar sind mit dem allen glänzende Leistungen erreicht, aber es erweist sich zugleich immer deutlicher, daß der Mensch als Ganzes dabei kein Glück zu finden vermag. Wenn aber diese Arbeit ihn so aufs äußerste anstrengt, ohne ihn durch alle Mühe und Aufregung zu echtem Glücke zu führen, und wenn zugleich immer klarer wird, daß der Mensch bei hervorragender Ausbildung einzelner Fertigkeiten im Ganzen seines Wesens sinkt, so erhebt sich notwendig die Frage, ob alle diese Kulturarbeit, die den Menschen weder glücklich noch edel noch groß macht, nicht eine Selbsttäuschung der Menschheit bedeutet, ob es nicht ein greller Widerspruch ist, mit leidenschaftlichem Eifer alle Kraft in Bewegung zu setzen und dabei für das Ganze eher zu verlieren als zu gewinnen. Wofür arbeitet der Mensch, wenn er ein bloßes Mittel und Werkzeug eines seelenlosen Kulturprozesses wird? Daß er für sich dabei nicht zu seinem Glücke kommt, das sahen wir eben. Für wen aber arbeitet er dann? Für eine Zukunft, die ihm völlig verschleiert ist und die vielleicht durch alle Fortschritte nur noch in wachsende Verwicklung gerät? Oder für das Ganze der Menschheit, das doch von der bloßen Erfahrung aus ein blasses und leeres Gedankending ist, das als ein solches Abstraktum den Zwecken und Leidenschaften des Individuums nun und nimmer gewachsen ist? Alles bestärkt den Zweifel, ob der Weg der Neuzeit, ausschließlich verfolgt, den Menschen zum Glücke zu führen vermag. Die Überzeugung greift mehr und mehr um sich, daß wie jeder einzelne Mensch mehr ist als seine Arbeit, so auch das Ganze der Menschheit mehr sein muß als die Arbeitskultur. Es ist das Verlangen nach einem Beisichselbstsein des Lebens und nach einem wahrhaftigen Glück, das über die bloße Arbeitskultur hinausstrebt und Erweiterungen wie Vertiefungen des Lebens zu suchen zwingt. Wo aber können wir solche zu finden hoffen?

Das Verlangen nach einer mehr seelischen Kultur gegenüber der Arbeitskultur ist immer stärker geworden und treibt manche Gegenwirkung hervor. Eine Art dieser Gegenwirkungen ist die Ausbildung einer künstlerischen Kultur, womit sich oft eine ästhetische Lebensanschauung verbindet. Wertvolle Anregungen, ja Förderungen sind dieser Kulturbewegung nicht abzusprechen: sie hat das Recht der Individualität wieder stärker hervorgekehrt, sie hat dem Leben mehr Unmittelbarkeit und freie Bewegung, mehr Leichtigkeit und mehr Freudigkeit verliehen, sie mag mit dem allen als ein Weg zu echtem Glück erscheinen. Tatsächlich gewährt sie, auf ihr eignes Vermögen beschränkt, nicht ein Glück, welches das Leben innerlich durchdringt, erwärmt und erhöht, sondern nur eine bunte Fülle von einzelnen angenehmen Augenblicken, von gefälligen Anregungen, die sich untereinander nicht zu einem Ganzen zusammenfassen. Es wird hier meist nur ein verfeinerter Selbstgenuß des gebildeten, vielfach überbildeten Individuums geboten, es fehlt wie ein hohes Ziel so auch ein wesenhafter Lebensgehalt; beim Mangel eines solchen wird aber schließlich wie bei allen Arten des Epikureismus inmitten aller Genüsse ein Gefühl der inneren Leere hervorbrechen und alles dargebotene Glück als ungenügend verwerfen. Auf diesem Wege mag sich der Einzelne, ja es mögen sich ganze Kreise den Verwicklungen und Nöten der Zeit zu entziehen suchen, einen Weg zu ihrer Überwindung eröffnet ein solches Leben nicht.

In anderer Richtung sucht wahrhaftiges Glück ein Verlangen nach mehr Entwicklung und Persönlichkeit und nach einer persönlicheren Gestaltung des Daseins; die künstlerische Betätigung muß hier der ethischen Aufgabe weichen. Gewiß liegt darin eine unbestreitbare Wahrheit, nur dürfen wir nicht vergessen, daß dabei ein hohes und fernes Ziel in Frage steht, das sich nicht so leicht und bequem erreichen läßt, wie es oft scheint. Wir werden dadurch noch keineswegs zu Persönlichkeiten, daß wir dies Wort mit besonderem Nachdruck verwenden. Der Gedanke der Persönlichkeit hat einen Wert nur, sofern hinter dem Wort eine große Wendung, ja eine Umwälzung der vorgefundenen Wirklichkeit und der Aufbau einer neuen steht. Wie viel jener Gedanke fordert, das zeigt mit besonderer Klarheit die Welt Kants. Deutlich war ihm, daß es kein Persönlichwerden gibt ohne eine Erhebung des Lebens zur Freiheit, Selbständigkeit und Ursprünglichkeit, ebenso deutlich aber auch, daß für eine solche Freiheit und Ursprünglichkeit die Welt des natürlichen Daseins keinen Platz gewährt; so ward ihm eine völlige Umkehrung des ersten Weltbildes unerläßlich, an sie hat er seine ganze Kraft gesetzt. Heute aber sieht es oft aus, als sei ohne viele Mühe innerhalb der Welt der bloßen Erfahrung eine wesentliche Erhöhung des Lebens erreichbar, wenn dieses nur eifriger und direkter an die einzelnen Punkte gebracht werde. Das aber ist ein grober Irrtum. Verbinden wir die Lebenspunkte nicht mit einer neuen Art des Lebens, und geben wir ihnen nicht dadurch einen neuen Gehalt, so wird jene Wendung leicht mehr schaden als nützen, indem sie unberechtigtes Selbstbewußtsein weckt, ja einen bloßen Schein für die Sache gibt; auch insofern ist sie gefährlich, als sie das schwere Problem verschleiert, das hier in Frage steht. Wie die Zeiten besonders gern von dem sprechen und sich für das erwärmen, was ihnen am meisten fehlt, so geschieht es auch heute: wir entbehren aufs schmerzlichste kräftiger, selbstwüchsiger, ausgeprägter Persönlichkeiten, wir reden aber unablässig von Persönlichkeit, ihrem Wert und ihrer Größe.

Schwerer noch als solche Verwicklung wiegt die Unsicherheit über die gesamte Stellung des Menschen innerhalb der Wirklichkeit, die namentlich in den letzten Zeiten um sich gegriffen hat. Seit dem Beginn der Aufklärung ward die Selbständigkeit und die Eigengesetzlichkeit der Natur vollauf anerkannt, aber diese blieb bis in die zweite Hälfte des Jahrhunderts in einer Nebenstellung; nun aber ist sie mehr und mehr zur Führung gekommen und beherrscht sie immer stärker das Ganze des Lebens. Wir stehen jetzt unter dem überwältigenden Eindruck der Unendlichkeit der Natur, ihrer völligen Gleichgültigkeit gegen das menschliche Wohl und Wehe, der Gebundenheit unserer Lage an körperliche Zustände und Vorgänge, eines Überwiegens der sinnlichen Faktoren auch innerhalb unseres Seelenlebens; von hier aus liegt es nahe, uns ganz und gar als ein bloßes Stück der Natur zu verstehen. So hat der Materialismus und Naturalismus eine große Macht über uns gewonnen. Aber andererseits verbleibt die Tatsache, daß dies seelische Leben einen eigentümlichen Bereich erzeugt und ein der Natur überlegenes Leben bringt; dieses Leben beherrscht mit seinen Gütern und Zielen die menschliche Gemeinschaft und erhöht auch das Streben der Individuen. Nun aber haben wir die Tatsache anzuerkennen, daß dies der Natur überlegene Leben jetzt kein Gesamtziel und so auch keine leitenden Güter besitzt; wir befinden uns hier in einem Stande innerer Verwicklung und Verwirrung; die zahllosen Kräfte finden sich nicht zusammen; wir wissen nicht, was wir erstreben oder vermeiden sollen. Wer aber nicht in die unmittelbare Lage mit ihren Zuständen aufgeht, dem wird damit das Problem des Glückes eine große und schwere Aufgabe werden, der muß unbedingt darauf bestehen, daß aus dem wilden, oft wüsten Gebiete sich irgendwelches sinnvolles Leben aus den Tiefen der Wirklichkeit emporringt; wie das aber möglich ist, darüber waltet heute ein völliger Zweifel. Über das Nein mögen wir uns leidlich verständigen, aber zur Erreichung eines kräftigen und freudigen Ja versagt das Vermögen der Zeit. So liegt über allen ihrem Unternehmen eine lähmende Unsicherheit, die kein großes und erfolgreiches Streben des ganzen und inneren Menschen aufkommen läßt. Der Mensch der Gegenwart hat der unendlichen rätselhaften Natur kein gewachsenes Reich entgegenzusetzen, sein gesamter Lebenskreis droht damit nebensächlich und gleichgültig zu werden.

So bietet das, was früheren Zeiten eine feste Grundlage des Glücks und eine Hilfe zu seiner Entwicklung gewährte, uns heute keinen genügenden Halt, uns fehlt den mächtig auf uns eindringenden Wirkungen der Welt gegenüber der Besitz einer geschlossenen Gedankenwelt, welche die Zweifel und Nöte mildern, umwandeln, ins Förderliche wenden könnte; uns fehlt im besonderen eine einzige allesbeherrschende Wahrheit; so stehen wir einem allmächtigen Schicksal gegenüber wie wehrlos da. Ist es ein Wunder, wenn bei solcher Lage der Pessimismus kühn sein Haupt erhebt und weiter und weiter vordringt? Deutlich steht jetzt vor Augen, daß eben das, was den Menschen über die bloße Natur hinausführt, ihn in ungeheure Probleme verwickelt, denen er nicht gewachsen scheint. Unverkennbar erhebt sich bei ihm eine neue Art des Lebens und scheidet ihn von den anderen Wesen. Dies Leben aber scheint in der großen Welt keine Unterstützung und Förderung zu finden, es sieht sich an undurchsichtige Bedingungen gebunden und wird vom Lauf der Dinge als gleichgültig behandelt. Da es zugleich im Menschen selbst durchgängig matt und mit schroffen Widersprüchen behaftet ist, so scheint es sich nicht gegen das Ganze der vorgefundenen andersartigen Welt durchsetzen zu können. Aber trotz aller solchen Schwäche und Hemmung hält jenes neue Leben seine Maße aufrecht und zwingt den Menschen, sie an sein Tun und Ergehen zu legen. Das Behagen des natürlichen Daseins genügt ihm nach jener Wendung nicht mehr, die geweckte Kraft verlangt ein Ziel wie einen Gehalt, sie findet; aber nicht, was sie sucht und was sie unmöglich aufgeben kann. Das Denken des Menschen bringt die Idee der Unendlichkeit und der Ewigkeit mit sich und zerstört damit alle Befriedigung beim Zeitlichen und Endlichen. Vom Unendlichen aus muß alles Tun und Treiben des Menschen als unsäglich klein erscheinen, auch das Individuum kann als ein denkendes Wesen nicht umhin, seinen Sonderkreis als engbegrenzt, ja nichtig zu empfinden; der Gedanke der Ewigkeit aber setzt alle Ausdehnung unseres Lebens zu einer verschwindenden Spanne herab und droht ihm alle Lust und allen Mut zu rauben. Der Lauf der Geschichte steigert diese Verwicklungen mehr, als daß er sie mindert. Denn je mehr der Mensch sein Eigentümliches entfaltet, und je weiter ihn sein Denken über das nächste Dasein hinausträgt und ihm zugleich das Gefühl einer Freiheit gibt, desto härter scheint der Widerstand einer fremdartigen Welt, die jener Bewegung nicht folgt, desto schwerer der Druck der Verkettung der Dinge. Deutlich genug zeigt auch der unmittelbare Anblick der menschlichen Erfahrung, daß der Fortgang der Kultur den Menschen weit mehr in wachsende Verwicklung geführt, als ihm ein reines und volles Glück beschert hat.

Aber soll der Überblick alles dessen uns einen trostlosen Pessimismus überliefern? Deutlich ist uns auch bei der geschichtlichen Betrachtung geworden, wie fruchtbare Anregungen und Weiterbildungen uns der Verlauf der Geschichte gebracht hat und wie er vieles enthält, was übermenschlicher Willkür und Neigung liegt. Zugleich finden wir uns unter eindringlichen Forderungen der unmittelbaren Gegenwart. In zwei Hauptlinien verlief der Menschheit das Glücksproblem: einerseits wirkte das Verlangen nach einer festen Verbindung mit dem All, andererseits das nach einer vollen Entwicklung aller Beziehungen zu den Menschen; so schieden sich eine kosmische und eine soziale Lebensführung und kämpften um das höchste Ziel. Dabei verschob sich mehr das Verhältnis von Altem und Neuem. Die ältere Denkweise war bestrebt, den Menschen und sein Wohlergehen an das All zu binden; bei allen Unterschieden waren die antike, die christliche, früher auch die moderne Überzeugung über diesen Hauptpunkt einig: der Mensch hatte sich einzufügen und unterzuordnen, um seinem Leben einen Sinn und Wert zu erringen. Auch der Gegensatz einer rationalen und einer irrationalen Gestaltung des Lebens wurde dadurch nicht berührt. Nun aber ist im Verlauf der Neuzeit die kosmische Denkart mehr und mehr durch die soziale verdrängt, und es ist das Wohlergehen der Menschen durch die Entwicklung der menschlichen Verhältnisse zur Hauptsache geworden. Eine Bewegung nach dieser Richtung geht durch die Jahrtausende, aber sie wurde sonst als ein Nebenstrom behandelt. Nach und nach aber gewannen die Fragen dieses Lebenskreises mehr und mehr das Übergewicht; wir wissen, wie neuerdings die sozialistische Bewegung das allgemeinere Problem verschärft und damit das Glücksproblem eigentümlich gestaltet hat. Im ersten Anblick erscheint es als ein großer Gewinn, das Lebensproblem ganz und gar von den Verwicklungen des Weltproblems zu befreien und die Menschheit lediglich mit der Hebung des eignen Wohlseins zu befassen. Im besonderen wirkt dabei das Verlangen, die materiellen und die geistigen Güter möglichst allen Menschen gleichmäßig zuzuführen und durch eine neue Ordnung der gemeinsamen Angelegenheiten eine wesentlich höhere Art des Lebens hervorzubringen.

Welche bedeutenden Aufgaben daraus für das Glücksproblem entspringen, kann kein Unbefangener verkennen, aber zugleich bereitet die Lösung dieser Aufgaben schwerste Verwicklungen. Jene sozialistische Denkweise behandelt den Menschen als ein im wesentlichen wohlwollendes und arbeitsliebendes Wesen, sie enthält auch die Voraussetzung, daß die Befriedigung seiner Wünsche im gesellschaftlichen Zusammenleben ihm eine volle Zufriedenheit zu gewähren vermag. In Wahrheit kann der Philosoph von einer radikalen Umwälzung der wirtschaftlichen Verhältnisse nicht schon eine innere Erhöhung der Menschen und vor dem Wegfall der Versuchungen aus Arbeitsdruck und materieller Not nicht schon eine Austreibung alles Bösen aus seiner Seele erwarten. Ebensowenig kann ein von Arbeit nur mäßig beschwertes, bequemes und genußreiches Leben dem Menschen genügen. Da er nun einmal auch ein geistiges Wesen ist, nicht bloß ein Exemplar einer zoologischen Gattung, so trägt er in sich größere Forderungen, so muß er auch irgendwelchen Lebensinhalt verlangen; ohne einen solchen müßte sich alles sinnliche Behagen rasch in eine innere Leere verkehren, die für die Dauer schwerer erträglich ist als Mühe und Not, als Kampf und Schmerz. So sind die Ziele des menschlichen Lebens hier zu niedrig gesteckt; aller hier waltender Fortschrittsdrang könnte nicht ein jähes Sinken verhüten. Auch das Weltproblem läßt den Menschen nicht so leicht los, wie es vielen heute scheint. Manche glauben es mit glatter Verneinung vollauf abschütteln zu können; entspricht aber dieser Verneinung keine Bejahung, so bleibt wiederum eine Leere und Öde. Verschließen wir uns keineswegs den Fragen, welche die Gegenwart auf diesem Gebiete an uns stellt, aber seien wir mit höchstem Eifer bemüht, eine drohende Verflachung des Lebens zu verhüten. Auch das Glücksproblem kommt schließlich auf die Frage zurück, ob alles die Natur überschreitende Leben, ob das Geistesleben, eine selbständige Wurzel hat, oder ob es ein bloßes Erzeugnis menschlicher Meinung und Begehrung ist; letztenfalls muß alle Hoffnung verschwinden, von ihm aus eine Welt von selbständigen Werten hervorzubringen und damit dem menschlichen Dasein einen Sinn, sowie ein würdiges Ziel zu erringen. Mit dem Verschwinden aller solchen Aussicht ist aber alle Arbeit und Mühe verloren, alles menschliche Unternehmen ein Irrtum, die ganze Menschheit ein unbegreiflicher Fehlgriff der Natur, dann bleibt uns nur eine stumme Ergebung unter ein zerstörendes Nein. Unsere Untersuchung steht zu der Überzeugung, daß trotz aller Zweifel und Hemmungen der letztgültige Sieg nicht dem Nein, sondern dem Ja gehört; es gilt nur dies Ja voll herauszuarbeiten.

SCHLUSSWORT

Verschiedene Bilder zogen an uns vorbei, mannigfache Arten der Bewegung wurden bei den Hauptpunkten ersichtlich. Überall verfolgte die Bewegung nicht eine gerade Linie, sondern sie zeigte Gegensätze und Umschläge; das geschichtliche Leben zeigte sich keineswegs einfach, sondern voller Verwicklung. Zugleich wurde klar, daß die Probleme der Vergangenheit sich in unsere eigne Zeit hineinerstrecken, und daß sie unsere Arbeit unter starke Einflüsse stellen; mag das Ziel sich bald als ein Überwinden überkommener Gegensätze, bald als ein kräftigeres Weiterverfolgen eines begonnenen Weges darstellen, durchgängig wird der Blick nach rückwärts die eigene Aufgabe klären, und es kann unsere Arbeit nicht gelingen, ohne den Forderungen der weltgeschichtlichen Lage zu entsprechen. Aber ebenso deutlich ward dieses, daß wir nicht eine gegebene Anregung einfach aufnehmen und uns mühelos vom Strom der Geschichte dahintragen lassen können. Denn überall fanden wir die frühere Leistung in dem Näheren ihrer Art uns nicht genügen und die Bewegung selbst eine neue Lage mit eigentümlichen Forderungen erzeugen. Nicht nur eine Fülle einzelner Probleme umfängt uns, sondern das Ganze unseres geistigen Standes ist uns unsicher geworden; mit besonderer Deutlichkeit empfinden wir heute, daß das Leben der Menschheit sich nicht auf einer gegebenen Grundlage sicher und ruhig aufbaut, sondern daß es immer wieder von neuem um seinen Stand und seine Hauptrichtung zu kämpfen hat. Nach dem allen erscheint unsere Zeit als voller Spannung und von schweren Aufgaben erfüllt; augenscheinlich sind wir an einen Punkt gekommen, wo es wieder auf die Hauptfragen, auf die elementaren Bedingungen unserer geistigen Existenz zurückzugehen gilt, wo es uns zum Suchen neuer Bahnen, zu selbständigem Schaffen zwingend aufruft. Aber diesen Forderungen der geistigen Lage entspricht nicht der Durchschnitt der Zeit; vielleicht noch mehr als andere Epochen empfinden wir, wie weit die inneren Forderungen des Lebens und das Verhalten der Menschen auseinandergehen können. Die Lage der Gegenwart empfiehlt dringend eine Einheit des Lebens, ein Überwinden von Gegensätzen, ein Gestalten aus dem Ganzen, auch ein Zusammenhalten der Menschen zum Suchen gemeinsamer Bahnen. Statt dessen erscheint eine große Vereinzelung, ein völliges Auseinandergehen in verschiedene Parteien und Gruppen, ein Behandeln der Probleme vom Standpunkt der bloßen Partei. Solches Zerfallen in verschiedene Kreise und schroffe Gegensätze hemmt alles gegenseitige Verständnis, sie läßt jedem die eigne Denkweise als die zweifellos beste, als das sichere Heilmittel für alle Schäden erscheinen; an dem völligen Unrecht des anderen wird nicht gezweifelt; Selbstgefälligkeit und Rechthaberei schießen dabei üppig auf, die unablässige Kritik an anderen unterdrückt alle Selbstkritik. So müssen sich die verschiedenen Bewegungen durchkreuzen und hemmen, so muß schließlich ein wirres Chaos entstehen, aus dem unmöglich ein glückliches Schaffen hervorgehen kann. – Ferner verlangt die geistige Lage eine gründliche Vertiefung des Denkens und Lebens; wie sollten wir ohne eine solche den Problemen der Zeit gewachsen sein und jenem Durcheinander eigne Ziele und Wege entringen? Statt dessen hängt der Durchschnitt der Zeit an der Oberfläche und fühlt sich dabei wohl; wir geben uns dem ersten Eindruck hin und gewahren nicht, wie viel Verwicklung seine Weiterverfolgung erzeugt; so scheint alles leicht und glatt, alle Hemmungen scheinen nur in der Vorstellung derer zu liegen, die in alten Vorurteilen befangen sind. Diese Art des Denkens führt uns auch bei uns selbst in schroffe Widersprüche hinein, indem sie uns bald diesem, bald jenem Eindrucke folgen heißt; so halten wir namentlich oft als Wirkung und Folge fest, was wir als Ursache und Grund verwerfen. So konnte das Denken und das Handeln der Zeit grundverschiedene Schätzungen verwenden. Unser Denken befaßt sich vor allem mit der sichtbaren Welt und flieht alles, was ihre Grenzen überschreitet, als »Metaphysik«; im Handeln aber gilt ein vager Idealismus, der Begriffe wie Vernunft und Persönlichkeit, Humanität und Menschengröße als selbstverständliche Werte behandelt, der nicht empfindet, daß damit eine neue Welt eingeführt wird. – Endlich lastet auf unserem geistigen Schaffen eine Lust zur Verneinung, eine Neigung, von der Zerstörung überkommener Zusammenhänge, von der Abweisung alter Lösungen echtes Heil zu erwarten. Nun enthält die Zeit gewiß viel Veraltetes und Verrottetes, das entfernt werden muß, aber zu wahrer Förderung kann alles Nein nur wirken, wenn hinter ihm die treibende Kraft eines Ja steht und dem Streben eine feste Richtung gibt. Dieses aber pflegt zu fehlen, es ist die Verneinung als Verneinung, welche vielen genügt und etwas Großes dünkt. Es pflegt aber nichts enger und unduldsamer zu sein als die bloße Verneinung; so erzeugt sie heute einen Dogmatismus, ja einen Despotismus, der das geistige Schaffen und auch ein zutreffendes Erkennen der gegenwärtigen Lage schwer schädigen muß.

Aber wenn die Oberfläche der Zeit der notwendigen Erneuerung der Kultur und der Erstarkung inneren Lebens harten Widerstand bereitet, und wenn das Leben sich nun und nimmer aus ihr heraus, sondern nur im Gegensatz zu ihr fortbilden kann, so darf uns ein Zeugnis wachsender Gegenwirkung sein, daß jene Hemmung immer mehr zur Empfindung kommt, und daß die Notwendigkeit einer Befreiung von der Vereinzelung, Verflachung, Verneinung immer klarer erkannt wird. Je mehr aber die geistige Arbeit zur Selbständigkeit gegen die Zeitoberfläche strebt, je mehr Verlangen nach größeren Tiefen und wesenhafteren Inhalten des Lebens aufkommt, desto wertvoller muß auch die Arbeit der Philosophie erscheinen, desto weniger läßt sich daran zweifeln, daß sie zur Überwindung der gegenwärtigen Krise des geistigen Lebens unentbehrlich ist.

Notwendig bedürfen wir einer Philosophie des ganzen Menschen, einer Philosophie, die nicht in bloße Spezialarbeit aufgeht, einer Philosophie, die eine geistige Lebensbewegung erzeugt, nicht bloße Theorien ausspinnt; eine solche Philosophie muß dahin wirken, daß kraftvolle Ideen und führende Persönlichkeiten bei uns zu größerer Entfaltung, Wirkung und Geltung kommen. Wir standen unter dem

Bann einer einseitigen Arbeitskultur, über den Leistungen dieser haben wir den Menschen schier vergessen; nun rächt sich der Mensch an der Unterdrückung, und unter schroffen Umwälzungen entsteht zunächst ein recht trübes Bild, ein klägliches Bild namentlich eines moralischen Zusammenbruchs der Deutschen, wobei vielfach Ehre und Treue schlecht fahren. Aber die Probleme sind da, es hilft nicht, sich dagegen zu verschließen. Retten kann uns nur eine geistige Vertiefung und eine gründliche moralische Erneuerung, ohne sie ist unsere Zukunft ohne Hoffnung. Aber wenn damit unser Weg voraussichtlich durch Zeiten der Not führen wird, und wenn wir die Menschen oft sehr gering schätzen müssen, unser Glaube und auch unsere Hoffnung geht nicht auf den bloßen Menschen, diesen Zwitter der Bildung, sondern auf das Geistige und das Göttliche in dem Menschen; nur dieses kann seinem Streben einen Halt gewähren. Dazu kann auch die Philosophie beitragen; öffnen wir daher ihr die Pforten, und vergessen wir über der Einführung nicht die Sache, der sie dient! Es gilt einen neuen Aufstieg!

Copyright © 2021 by FV Editions
Cover Design : Canva.com
Ebook ISBN : 979-10-299-1333-4
Paperback ISBN 979-10-299-1334-1
All rights reserved.

www.ingramcontent.com/pod-product-compliance
Lightning Source LLC
LaVergne TN
LVHW030321070526
838199LV00069B/6516